박영선의 호세아 설교

일러두기
- 이 책에서는 개역개정 성경을 인용하였습니다.
- 성경을 인용할 때, 절의 전체를 인용할 경우에는 큰따옴표(" ")로,
  절의 일부를 인용할 경우에는 작은따옴표(' ')로 표기하였습니다.

박영선의 호세아 설교

2014년 10월 31일 초판 1쇄 발행
2016년 4월 29일 2판 1쇄 발행
2023년 1월 15일 2판 2쇄 발행

지은이 박영선
기획 강선, 윤철규
편집 문선형, 정유진
디자인 조선아
제작 강동현
펴낸이 최태준
펴낸곳 무근검

주소 서울 특별시 송파구 올림픽로 4길 17, A동 301호
홈페이지 www.facebook.com/lampbooks **전화** 02-420-3155 **팩스** 02-419-8997
등록 2014. 2. 21. 제 2014-000020호
ISBN 979-11-952368-8-6 03230

ⓒ 박영선 2014
이 책의 저작권은 저자와 남포교회출판부가 소유합니다.
신저작권법에 의하여 한국 내에서 보호를 받는 저작물이므로 무단전재와 복제를 금합니다.

이 도서의 국립중앙도서관 출판시도서목록(CIP)은
서지정보유통지원시스템 홈페이지(http://seoji.nl.go.kr)와
국가자료공동목록시스템 (http://www.nl.go.kr/kolisnet)에서 이용하실 수 있습니다.
(CIP제어번호 : CIP2016007772)

무근검은 남포교회출판부의 새로운 이름입니다.
무근검은 '하나님의 영광은 무겁고 오래된 칼과 같다'라는 뜻입니다.

내가 어찌 너를 놓겠느냐
(호 11:8)

성경은 기독교 신앙의 본질적 특징이 사랑과 믿음이라고 가르칩니다. 사랑과 믿음은 추상적 개념이 아니라, 인격과 인격의 관계에서만 가능하며 구체화될 수 있습니다. 또한 사랑과 믿음은 그 상대와의 관계에서 대상의 크기와 속성에 좌우되는 특징을 갖습니다.

하나님과 우리의 사랑은 우리의 크기가 아니라 하나님의 크심에 근거합니다. 하나님을 사랑하고 하나님의 사랑을 받는 것은 사랑하는 우리, 사랑받는 우리의 크기에 따라 결정되지 않습니다. 그 사랑은 비교할 수 없이 크고 넓은 하나님, 그분의 의지와 성품에 근거하는 것입니다. 사랑을 원하나 사랑을 지속하지도 완성하지도 못하는 인간에게 다가오셔서 하나님은 사랑의 관계를 맺으십니다. 하나님은 다만 인간의 사랑의 대상으로 머무시지 않

서문

 고 먼저 우리를 사랑하셔서 그분의 능력과 의지를 쏟아부으신다고 호세아서는 증언합니다.
 차선이나 부분으로는 절대 타협하시지 않는 하나님의 성실하심과 그분이 만드시는 영광의 승리가 우리의 실패와 부족을 어떻게 넘어오시며 우리로 어떻게 극복케 하시는지 경이로운 마음으로 확인하며 기쁨과 은혜를 함께 나누기를 기대합니다.

2014년 10월

차례

서문	4
1 하나님 분노하시다	8
2 너희는 내 아들이라	25
3 나는 타협할 수 없다	42
4 내가 누구인지 알게 하리라	58
5 나의 사랑은 계속된다	76
6 하나님 쩔쩔매시다	89
7 들으라 깨달으라 기울이라	105
8 나와 함께 행하라	126

9	나를 떠나 그릇 갔음이라	**142**
10	나는 수단이 될 수 없다	**157**
11	너희 삶을 드리라	**174**
12	너희가 두 마음을 품었다	**188**
13	내가 어찌 너를 놓겠느냐	**204**
14	하나님 찾아오시다	**221**
15	사망아 네 재앙이 어디 있느냐	**241**
16	누가 깨닫겠느냐 이 하나님을	**258**
성구색인		**273**

1 하나님 분노하시다

¹웃시야와 요담과 아하스와 히스기야가 이어 유다 왕이 된 시대 곧 요아스의 아들 여로보암이 이스라엘 왕이 된 시대에 브에리의 아들 호세아에게 임한 여호와의 말씀이라 ²여호와께서 처음 호세아에게 말씀하실 때 여호와께서 호세아에게 이르시되 너는 가서 음란한 여자를 맞이하여 음란한 자식들을 낳으라 이 나라가 여호와를 떠나 크게 음란함이니라 하시니 ³이에 그가 가서 디블라임의 딸 고멜을 맞이하였더니 고멜이 임신하여 아들을 낳으매 ⁴여호와께서 호세아에게 이르시되 그의 이름을 이스르엘이라 하라 조금 후에 내가 이스르엘의 피를 예후의 집에 갚으며 이스라엘 족속의 나라를 폐할 것임이니라 ⁵그 날에 내가 이스르엘 골짜기에서 이스라엘의 활을 꺾으리라 하시니라 ⁶고멜이 또 임신하여 딸을 낳으매 여호와께서 호세아에게 이르시되 그의 이름을 로루하마라 하라 내가 다시는 이스라엘 족속을 긍휼히 여겨서 용서하지 않을 것임이니라 ⁷그러나 내가 유다 족속을 긍휼히 여겨 그들의 하나님 여호와로 구원하겠고 활과 칼이나 전쟁이나 말과 마병으로 구원하지 아니하리라 하시니라 ⁸고멜이 로루하마를 젖뗀 후에 또 임신하여 아들을 낳으매 ⁹여호와께서 이르시되 그의 이름을 로암미라 하라 너희는 내 백성이 아니요 나는 너희 하나님이 되지 아니할 것임이니라 (호 1:1-9)

호세아는 북 왕조 이스라엘의 여로보암 2세 때부터 북 왕조가 멸망한 때까지, 곧 기원전 755년 무렵에서 기원전 722년까지 약 30년간 활동한 선지자입니다. 호세아는 '여호와는 구원이시라'라는 뜻입니다.

북 왕조 이스라엘은 기원전 722년에 망합니다. 기원전 755년 무렵에서 기원전 722년 즈음까지 활동했던 호세아는 북 왕조 이스라엘이 패망한 자리를 지켜보며 하나님의 말씀을 선포합니다. 북 왕조 이스라엘의 멸망과 이를 지켜보시는 하나님의 마음을 전하는 임무를 맡게 된 것입니다.

호세아는 하나님이 북 왕조 이스라엘의 멸망을 슬퍼하시고 안타까워하시며 분노하시는 것을 말로 증거할 뿐만 아니라 실제 그런 삶을 살아 하나님의 마음을 증거하도록 부름 받았습니다. 성경에 기록된 대로 그는 음란한 여자를 아내로 맞아 아이 셋을 낳았는데, 하나님은 그 자녀들의 이름을 이스르엘, 로루하마, 로암미로 짓도록 명령하십니다. 히브리어에는 '로(לֹא)'로 시작하는 단어가 있는데, 이 '로(לֹא)'는 부정 접두어입니다. 우리말의 不(아닐, 부)나 非(아닐, 비)에 해당하는 '아니다'라는 뜻을 가진 접두어입니다. 그러니까 '로루하마(לֹא רֻחָמָה)'는 '루하마(רֻחָמָה)'의 반대, 곧 '긍휼을 받지 아니한 자'라는 뜻이 되고, '로암미(לֹא עַמִּי)'는 '내 백성'이라는 뜻의 '암미(עַמִּי)'에 부정 접두어가 붙었으므로 '내 백성이 아닌 자'라는 이름이 됩니다.

첫째 아이 이름인 '이스르엘'은 북 왕조 사마리아와 갈릴리 호수 사이에 있는 비옥한 땅의 명칭입니다. 원래 '이스르엘'은 '하나님이 심으신다'라는 뜻입니다. 이스라엘 역사에서 북 왕조의 가장 악한 왕인 아합 왕조를 예후가 일어나서 멸망시킬 때 이스라엘 왕과 유다 왕을 죽인 곳이 바로 이스르엘이고, 이세벨과 아합의 왕자 70명을 죽인 곳 또한 이스르엘입니다. 그래서 본문 4절의 '그의 이름을 이스르엘이라 하라 조금 후에 내가 이스르엘의 피를 예후의 집에 갚으며'라는 것은 피로 혁명을 일으켜 왕위를 찬탈한 예후 왕조를 하나님이 심판하실 것을 가리킵니다. 아합 왕조가 멸망한 것같이 예후 왕조도 멸망할 것입니다. 그리고 이는 왕조 한 가문만의 문제가 아니라 북 왕조 이스라엘의 국운에 관한 경고가 됩니다. 따라서 이스르엘은 '이스라엘 족속의 나라를 폐할 것'이라는 메시지가 담긴 이름이 됩니다. 하나님은 이렇게 첫 아이의 이름을 이스르엘로 짓도록 호세아에게 명령하십니다.

호세아서 전체는 사랑의 하나님을 가르치지만, 이 사랑은 로맨틱하지 않습니다. 이 사랑이 얼마나 격렬하고 무시무시한지를 가르치는 데에 호세아 선지자의 임무가 있습니다. 그는 이 사랑의 무시무시함을 보여 주는 인생을 살아야 했고, 나중에 보듯이 참으로 가슴 아픈 가정사를 겪게 됩니다. 그 일을 통하여 호세아는 하나님의 사랑이 얼마나 무서운지를 알게 됩니다.

하나님이 호세아 선지자를 통하여 이스라엘로 알게 하고 싶은 것, 그리고 길게 보아 하나님의 모든 백성에게 가르치고 싶어 하는 것은 하나님 사랑의 거룩함일 것입니다. 성경에서 말하는 거룩함이란 다만 도덕성을 가리키지 않습니다. 인간의 이해를 넘어선, 하나님에게만 있는 특별한 의미와 내용을 나타내기 위하여 초월자 하나님을 구별하여 이야기할 때 '거룩'이라는 단어를 씁니다. 이 거룩함과 거룩함이 빚어내는 사랑을 가르치는 것이 호세아서의 목적입니다.

이 사랑은 일차적으로 분노로 나타납니다. 이스라엘의 배신, 곧 하나님의 뜻을 거역하고 우상을 섬기며 자기 나라의 운명을 하나님에게 맡기지 않고 국제 외교나 정치와 군사력으로 유지하려는 데에 대하여 하나님이 분노하시는 것을 그리고 있습니다.

호세아서에 나타난 하나님의 분노를 제대로 이해하지 못하면, 하나님의 거룩하심의 중요한 부분을 놓치게 됩니다. 흔히 사랑이라고 하면 대강 넘어가 주는 것, 사랑하기 때문에 다 덮어 주는 것으로 생각하기 쉬운데 호세아서의 사랑은 그렇지 않습니다. 하나님의 거룩하심의 무시무시함, 그리고 그 사랑의 무시무시함을 보게 됩니다. 우리가 가진 사랑의 최고 무시무시함은 "내 사랑을 받아 주지 않으면 죽어 버리겠다" 아니면 "나 혼자 못 죽는다. 너 죽고 나 죽자"라는 표현으로 나타납니다. 이것이 우리가 할 수 있는 최고의 사랑 표현이며, 인간이 가질 수 있는 지고한 진정성일 것입니다. 이것이 인간의 진정성에 대한 최상의 표시라면, 하나님의 사랑은 그것과 비교되지 않는다는 사실을 호세아서를 통해 만나게 될 것입니다.

우선 생각해야 할 것이 왜 하필 분노인가, 하는 것입니다. 왜 분노인가, 하나님의 사랑이 왜 분노로 나타나는가, 이는 하나님의 사랑은 대강 타협하는 것이 아니기 때문이라고 먼저 말씀드릴 수 있습니다. 그래도 왜 하필 분노일까, 하는 생각이 들 것입니다. 이는 하나님의 사랑이 우리 연약함이나 무능함으로 실패할 수 없음을 보여 주는 것이 분노이기 때문에 그렇습니다. 얼핏 이해가 잘 안 되겠지만 하나님의 분노란 이런 것입니다. 한쪽이 배신하여 돌아서고 밉게 굴고 충실하지 못해도 하나님은 그것을 넘어오시는 분이라는 것입니다. 우리가 죽어 버려도 그 죽음까지 넘어오신다는 의미에서 분노입니다. 그러니 분노란 사랑하는 이가 참을 수 없는 자리에 간 것을 포기하지 않고 있다는 뜻입니다. 우리가 이해하는 분노란 무엇입니까? 우리는 언제 분노합니까? 우리는 상대방을 돌이키게 하려고 분노하지만 상대방이 돌이키지 않으면 우리는 그만 돌아서 버릴 것입니다. 하지만 호세아에서 말하는 하나님의 분노는 돌이키라는 분노가 아닙니다. 너희는 이미 넘어갔다, 그러나 나는 여기서 멈추지 않겠다, 하는 것이 분노로 나오는 것입니다.

호세아 선지자의 사역에도 불구하고 이스라엘은 멸망할 것입니다. 하나님이 북 왕조 이스라엘을 적국에 넘겨주기로 작정하셨기 때문입니다. 그러니 어찌 보면 화낼 이유가 없어 보입니다. 이미 포기했고 이미 넘긴 것이니 말입니다. 그러나 분노가 아직 그 힘을 다하여 거기 자리하고 있다는 것은, 그들로 하여금 돌이키게 하겠다는 정도가 아니라 저들의 부족함과 불충함과 분노를 일으킨 그 모든 것에도 불구하고 포기하시지 않는 하나님의 사랑이 있다는 증거입니다. 이 사랑이 분노로 나오는 것입니다. 이를 더 잘 이해하기 위하여 요한복음 11장 32절 이하를 봅시다.

마리아가 예수 계신 곳에 가서 뵈옵고 그 발 앞에 엎드리어 이르되 주께서 여기 계셨더라면 내 오라버니가 죽지 아니하였겠나이다 하더라 예수께서 그가 우는 것과 또 함께 온 유대인들이 우는 것을 보시고 심령에 비통히 여기시고 불쌍히 여기사 이르시되 그를 어디 두었느냐 이르되 주여 와서 보옵소서 하니 예수께서 눈물을 흘리시더라 이에 유대인들이 말하되 보라 그를 얼마나 사랑하셨는가 하며 그 중 어떤 이는 말하되 맹인의 눈을 뜨게 한 이 사람이 그 사람은 죽지 않게 할 수 없었더냐 하더라 이에 예수께서 다시 속으로 비통히 여기시며 무덤에 가시니 무덤이 굴이라 돌로 막았거늘 예수께서 이르시되 돌을 옮겨 놓으라 하시니 그 죽은 자의 누이 마르다가 이르되 주여 죽은 지가 나흘이 되었으매 벌써 냄새가 나나이다 예수께서 이르시되 내 말이 네가 믿으면 하나님의 영광을 보리라 하지 아니하였느냐 하시니 돌을 옮겨 놓으니 예수께서 눈을 들어 우러러 보시고 이르시되 아버지여 내 말을 들으신 것을 감사하나이다 항상 내 말을 들으시는 줄을 내가 알았나이다 그러나 이 말씀 하옵는 것은 둘러선 무리를 위함이니 곧 아버지께서 나를 보내신 것을 그들로 믿게 하려 함이니이다 이 말씀을 하시고 큰 소리로 나사로야 나오라 부르시니 죽은 자가 수족을 베로 동인 채로 나오는데 그 얼굴은 수건에 싸였더라 예수께서 이르시되 풀어 놓아 다니게 하라 하시니라 (요 11:32-44)

죽은 나사로를 살리시는 장면입니다. 예수님이 나사로의 죽음을 와서 보시고 비통해하시고 통분히 여기신다는 성경의 증언입니다. 하지만 이제 예수님이 나사로를 살려 놓으실 것입니다. 그렇다면 예수님이 우실 이유가 없지 않을까요?

신앙생활을 하면서 하나님의 사랑에 대한 우리의 불만은 아마 이 대목일 것입니다. "하나님, 내가 지금 고통 속에 있습니다. 내가 벽에 부딪혔습니다. 하나님, 도와주세요"라고 하면, 하나님이 "그래, 내가 바꿔주마"라고 하시면 될 것 아닙니까? 그러나 하나님은 그렇게 하지 않으십니다. 우리 생각에는 전능하신 하나님이 도대체 보류하실 이유가 없어 보이는데 말입니다. 나사로 사건에서 보면, 예수님은 이제 돌려세울 죽음의 자리에 찾아오셔서 나사로의 죽음의 고통에 동참하십니다.

이처럼 하나님의 사랑은 기계적 능력이 아닙니다. 밖에서 어떤 힘을 가하여 상대방의 마음을 돌려놓는 기계적 결정권을 휘두르지 않습니다. 상대방의 무능함, 비천함과 무지함 같은 데에 찾아와 동참하십니다. 이 점이 놀랍습니다. 마르다는 "주께서 여기 계셨다면 제 오라비가 죽지 않았을 것입니다"라고 말합니다. 바로 이것이 우리가 원하는 바입니다. 하지만 예수님은 나사로가 죽게 놔두셨고, 나사로가 죽자 그 죽음의 자리에 오사 그의 죽음에 함께 참여하십니다. 나사로의 죽음으로 말미암은 유가족의 분노, 고통, 절망에 동참하셔서 예수님은 눈물을 흘리시고 심령에 비통히 여기십니다.

그러므로 신앙생활을 하면서 당하는 고통을 하나님이 막아 주실 수 있다는 것보다 우리의 실존, 우리의 선택, 우리의 운명의 자리에 하나님이 찾아오셨다는 사실을 꼭 기억해야 합니다. 하나님은 우리를 구원하기 위하여 강을 건너오시고 구정물에 손을 담그시는 분입니다. 이것이 호세아가 가르치는 하나님 사랑의 거룩함입니다. 우리의 자리에 찾아오셔서 우리의 절망, 한계, 고통, 비명에 동참하십니다. 편들어 주러 오십니다. 문제를 해결하는 것을 넘어 우리의 수준, 우리의 현실, 우리의 한계 속에 찾아오셔서 우리를 사랑하십니다. 여기에 우리의 항복이 있습니다. 이런 것은 다 아무래도 괜찮으니까 빨리 문제나 해결해 달라는 표정으로 설교를 듣고자 하면 호세아서를 볼 자격이 없습니다. 마태복음 9장에 가 봅시다.

그들이 나갈 때에 귀신 들려 말 못하는 사람을 예수께 데려오니 귀신이 쫓겨나고 말 못하는 사람이 말하거늘 무리가 놀랍게 여겨 이르되 이스라엘 가운데서 이런 일을 본 적이 없다 하되 바리새인들은 이르되 그가 귀신의 왕을 의지하여 귀신을 쫓아낸다 하더라 예수께서 모든 도시와 마을에 두루 다니사 그들의 회당에서 가르치시며 천국 복음을 전파하시며 모든 병과 모든 약한 것을 고치시니라 무리를 보시고 불쌍히 여기시니 이는 그들이 목자 없는 양과 같이 고생하며 기진함이라 이에 제자들에게 이르시되 추수할 것은 많되 일꾼이 적으니 그러므로 추수하는 주인에게 청하여 추수할 일꾼들을 보내 주소서 하라 하시니라 (마 9:32-38)

예수님이 무리를 불쌍히 여겨 많은 능력을 베푸십니다. 무리의 현실에 동참하시고 무리의 처지에 함께하십니다. 이처럼 기독교 신앙에서 가장 중요하게 여기는 사랑은 생각보다 만만치 않습니다. 사랑이란, 맛있는 것 사 주고 좋은 집 지어 아무 고통 없이 살게 해 주는 것이 전부가 아닙니다. 상대방의 존재를 세포 구석구석까지 함께 존중해 주고 그의 부족함을 끌어안는 행위가 바로 사랑입니다.

따라서 신앙생활에서 특히 교회 공동체가 범하기 쉬운 잘못은 사랑을 무흠한 것으로 오해하는 것입니다. 사랑을 무흠한 것이라고 보게 되면 사랑할 만한 사람, 사랑받을 만한 사람만 사랑하고 사랑받을 수 있다고 잘못 생각하게 됩니다. 쉽게 "우리 교회는 사랑이 부족해" 이런 말들을 하는데, 여기에는 사실 "넘어가 주었으면 좋겠다"라는 의미보다 사랑을 하나의 명분이나 구호로 내걸고 규칙처럼 준수하기를 바라는 소원이 배어 있습니다. 그러나 사랑은 그런 것이 아닙니다. 사랑은 분위기를 타는 문제가 아니라 상대의 처지에 대한 이해가 선행되어야 하는 것입니다. 상대방의 부족함과 마음에 들지 않는 점을 그 사람의 자리에 찾아가 그의 처지에서 봐주며 공감해 주는 것이 사랑입니다.

그러므로 우리의 분노는 심판과 보복 직전에 터트리는 경고와 같지만, 하나님의 분노는 다만 경고나 심판의 동작에 불과한 것이 아닙니다. 그것보다 깊습니다. 앞으로 호세아에서 확인하게 될 하나님의 구원과 사랑의 승리는 이 분노와 연속성이 있습니다. 우리가 어느 자리에 가 있을지라도 우리의 한계나 부족함은 하나님 앞에 장애가 되지 않습니다. 물론 이 말은 하나님 눈 밖에 나도 괜찮다는 말이 아닙니다. 눈

밖에 난 자리까지 찾아오시는 것이 하나님의 분노이며, 이는 하나님의 사랑의 표현이라고 호세아서는 이야기합니다.

한 걸음 더 나아가 하나님의 분노에는 이런 측면이 있습니다. 하나님이 당신의 속을 우리에게 보이시는 것입니다. 우리도 살면서 다 해 보았겠지만, 화를 내는 것은 자기 진심을 이해해 달라는 의미입니다. 부부간에 제일 많이 하는 것이죠. 부부 싸움에서 화를 내는 이유는 상대방을 사랑하고 그 사람을 편들어 주려는 것이지 그만 살려고 화내는 것이 아닙니다. 헤어질 때는 화를 안 냅니다. 도장만 찍으면 되기 때문입니다. 포기하면 화내지 않습니다.

그러므로 호세아서의 하나님을 잘 이해해야 합니다. 여기서 하나님은 당신의 나라를 '이스르엘'이라고 부르는 보복의 하나님이십니다. 또한 자기 백성을 '로루하마'라고 불러 "나는 너희를 절대로 불쌍히 여기지 않겠다"라고 하시며, '로암미' 곧 "너희는 더 이상 내 백성이 아니다"라고 말씀하시는 분입니다. 이런 말은 다 사랑하기 때문에 하시는 말씀입니다. 내 백성이 아니라고 한 자들, 내 긍휼을 받을 수 없는 지경까지 이른 자들에게 찾아가시는 하나님, 그 하나님이 당신의 속내를 꺼내 놓아 우리에게 알아 달라고 하는 것이 분노로 나오는 것입니다. 그것이 사랑입니다.

사랑은 어느 한쪽이 우월하여 상대방의 문제나 고통을 모두 다 해결해 주는 해결사가 되는 것이 아닙니다. 상대방을 이해하듯이 상대방도 나를 이해해 주기를 바라는 것이 사랑입니다. 하나님의 진노의 자리에 들어간 백성에게 하나님이 몸을 낮추어 당신을 이해해 달라, 당신 마음을 이해해 달라고 하십니다. 하나님 앞에 정죄받고 심판받아 마땅한 자리에 있는 죄인에게 당신의 마음을 열어 놓으시고 벌거벗으시는 행위가 분노입니다.

이사야 1장에 가 봅시다. 이 말씀을 이해하지 못하면 하나님이 우리를 사랑하신다는 말이 무엇인지 아직 모르는 것입니다.

유다 왕 웃시야와 요담과 아하스와 히스기야 시대에 아모스의 아들 이사야가 유다와 예루살렘에 관하여 본 계시라 하늘이여 들으라 땅이여 귀를 기울이라 여호와께서 말씀하시기를 내가 자식을 양육하였거늘 그들이 나를 거역하였도다 소는 그 임자를 알고 나귀는 그 주인의 구유를 알건마는 이스라엘은 알지 못하고 나의 백성은 깨닫지 못하는도다 하셨도다 슬프다 범죄한 나라요 허물 진 백성이요 행악의 종자요 행위가 부패한 자식이로다 그들이 여호와를 버리며 이스라엘의 거룩하신 이를 만홀히 여겨 멀리하고 물러갔도다 너희가 어찌하여 매를 더 맞으려고 패역을 거듭하느냐 온 머리는 병들었고 온 마음은 피곤하였으며 발바닥에서 머리까지 성한 곳이 없이 상한 것과 터진 것과 새로 맞은 흔적뿐이거늘 그것을 짜며 싸매며 기름으로 부드럽게 함을 받지 못하였도다 너희의 땅은 황폐하였고 너희의 성읍들은 불에 탔고 너희의 토지는 너희 목전에서 이방인에게 삼켜졌으며 이방인에게 파괴됨 같이 황폐하였고 딸 시온은 포도원의 망대 같이, 참외밭의 원두막 같이, 에워

싸인 성읍 같이 겨우 남았도다 만군의 여호와께서 우리를 위하여 생존자를 조금 남겨 두지 아니하셨더면 우리가 소돔 같고 고모라 같았으리로다 (사 1:1-9)

이 말씀의 울림을 이해하겠습니까? 저는 이런 경험을 많이 했습니다. 저희 부모님은 모두 다 이북 분이신데, 이북 사람의 최고 특징은 목소리가 크다는 점입니다. 제가 부모님 마음에 안 들게 살면 동네방네 나가서 떠드시는 것입니다. "내가 피난 올 때 저 녀석을 어떻게 업고 와서 길렀는데, 하라는 공부는 안 하고 당구만 친다"라고 하시며 나가서 소리치십니다. 왜 나가서 소리쳤을까요? 안타까움과 분노가 한계에 이르면 부르짖음으로 터져 나오기 때문입니다.

지금 하나님이 무엇이라고 하십니까? 2절을 보면, "하늘이여 들으라 땅이여 귀를 기울이라 여호와께서 말씀하시기를 내가 자식을 양육하였거늘 그들이 나를 거역하였도다"라고 부르짖으십니다. 하나님이 들판에 나가서 온 세상을 향하여 고함지르시는 것입니다. 당신의 마음을 알아 달라고 하시는 것입니다. 말 안 듣는 자식에게, 말 안 듣는 자기 백성에게 당신의 마음을 알아 달라고 하십니다. 우리가 범죄해서 맞고 맞아 정수리부터 발바닥까지 매 맞은 흔적뿐인데 아직도 정신을 못 차리니까 고함칠 수밖에 없는 이 아버지의 심정을 하늘과 땅보고 들으라는 것이 아니라 우리에게 들으라는 것입니다.

예전에 저도 철없던 시절에는 부모님한테 "나보고 이야기 하시지, 왜 나가서 이야기하시느냐"라고 투덜대며 더 삐뚤어졌습니다. 우리도 그렇습니다. 하나님이 정말 사랑하신다면 우리 둘만 알도록 비밀스럽게 해결해 주시지, 왜 창피하게 다 꺼내 놓으셔서 망신 당하게 하시는가, 라고 말입니다.

하나님에게는 문제 해결이 최종 목표가 아닙니다. 하나님이 우리를 어떻게 사랑하시는지, 하나님의 뜻이 우리 소원과 어떻게 다른지 제발 알아 달라고 하시는 것입니다. 이런 이유로 우리가 아무리 기도해도 하나님은 응답하시지 않을 수 있습니다. 하나님은 호세아 선지자를 통하여 이런 기막힌 표현을 하십니다. 우상을 섬기며 하나님을 제대로 순종하지 않는 북 왕조 이스라엘에 대해 분노하실 때에 그 표현이 나옵니다. 호세아 11장 8절입니다.

에브라임이여 내가 어찌 너를 놓겠느냐 이스라엘이여 내가 어찌 너를 버리겠느냐 내가 어찌 너를 아드마 같이 놓겠느냐 어찌 너를 스보임 같이 두겠느냐 (호 11:8상)

하나님이 '에브라임이여'라고 부르짖으십니다. 에브라임은 북 왕조 이스라엘을 가리키는 말입니다. 이스라엘이 북 왕조와 남 왕조로 갈라질 때 열 지파가 북 왕조를 이루고 유다와 베냐민, 두 지파만 남아서 유다 왕국을 유지하여 남 왕조를 이룹니다. 북 왕조는 열 지파가 분리되어 나갔기 때문에 이스라엘이라는 국호를 가져갔는데 이 열 지파 중 에브라임이 제일 강해집니다. 한편, 아드마와 스보임은 소돔과 고모라가 멸망할 때 같이 있던 성읍입니다. 소돔과 고모라, 이렇게 두 도시만 대표적으로 명기되어서 보통 소돔과 고모라만 생각하기 쉬운데, 아드마와 스보임은 그 당시에 이들과 같이 멸망한 성읍입니다.

에브라임이여 내가 어찌 너를 놓겠느냐 이스라엘이여 내가 어찌 너를 버리겠느냐 내가 어찌 너를 아드마 같이 놓겠느냐 어찌 너를 스보임 같이 두겠느냐 내 마음이 내 속에서 돌이키어 나의 긍휼이 온전히 불붙듯 하도다 내가 나의 맹렬한 진노를 나타내지 아니하며 내가 다시는 에브라임을 멸하지 아니하리니 이는 내가 하나님이요 사람이 아님이라 네 가운데 있는 거룩한 이니 진노함으로 네게 임하지 아니하리라 (호 11:8-9)

내가 화를 내는 것은 너희를 멸망시키자는 것이 아니다, 내가 어찌 너희를 아드마 같이 놓겠느냐, 스보임 같이 포기하겠느냐, 내 마음에서 긍휼이 온전히 불붙듯 하다고 말씀하십니다. 절대로 대강 해결하지 않겠다는 것이 하나님 사랑의 무서움입니다. 기독교 신앙의 가장 대표적 특징인 사랑에 대해서 요한은 이렇게 증언합니다. 이 증언은 예사롭게 읽으면 안 되는 내용입니다. 요한일서 4장을 보겠습니다.

사랑하는 자들아 우리가 서로 사랑하자 사랑은 하나님께 속한 것이니 사랑하는 자마다 하나님으로부터 나서 하나님을 알고 사랑하지 아니하는 자는 하나님을 알지 못하나니 이는 하나님은 사랑이심이라 (요일 4:7-8)

만만히 읽으면 안 되는 구절입니다. 기도한다, 예수를 믿는다, 하는 고백이 지닌 무게를 알아야 합니다. 이 무게는 결코 피상적으로 다루거나 가볍게 여겨서는 안 됩니다. 혹 우리가 이 무게를 제대로 이해하지 못했을지라도 하나님이 우리에게 약속하신 믿음과 사랑의 무게는 무시무시하다, 또한 우리가 기도할 수 있는 믿음을 말할 수 있는 것은 굉장한 일이라는 사실을 기억하시기 바랍니다.

기도

하나님 아버지, 은혜를 감사합니다. 하나님을 아버지라 부르는 것이 얼마나 굉장한 일인지 말씀으로 확인합니다. 하나님은 천지를 지으시고 우리를 만드시고 사랑하시는 거룩하신 하나님입니다. 그 하나님이 우리에게 하나님을 믿는 믿음과 사랑하는 특권과 기도하는 책임을 주셨습니다. 하나님이 도대체 우리에게 무엇을 주셨는지, 우리가 믿고 기도하는 하늘 아버지가 누구신지 알게 하사 세상을 넉넉히 이기게 하옵소서. 우리의 부족함을 이기게 하옵소서. 예수님 이름으로 기도합니다. 아멘.

2 너희는 내 아들이라

¹⁰그러나 이스라엘 자손의 수가 바닷가의 모래 같이 되어서 헤아릴 수도 없고 셀 수도 없을 것이며 전에 그들에게 이르기를 너희는 내 백성이 아니라 한 그 곳에서 그들에게 이르기를 너희는 살아 계신 하나님의 아들들이라 할 것이라 ¹¹이에 유다 자손과 이스라엘 자손이 함께 모여 한 우두머리를 세우고 그 땅에서부터 올라오리니 이스르엘의 날이 클 것임이로다 ²:¹너희 형제에게는 암미라 하고 너희 자매에게는 루하마라 하라 (호 1:10-2:1)

본문은 앞 장에서 살펴본, '로암미'와 '로루하마'에서 부정 접두어 '로(אֹל)'를 뺀 '암미' 곧 '내 백성'이라, '루하마' 즉 '긍휼을 입은 자'라고 하여 하나님이 이스라엘 백성을 부르시고 구원하실 것이라는 약속이 주어지는 장면입니다.

　우리는 호세아 서두에서 하나님이 이스라엘을 향하여 진노하시는 장면을 보았습니다. 하나님은 호세아 선지자를 세워, 그로 하여금 자격이 없고 마땅하지 않은 음란한 여자를 아내로 맞아들이게 합니다. 그리하여 하나님이 얼마나 속상해하시며, 얼마나 분노하시는지를 호세아에게 경험하고 증언하라고 명령하십니다. 호세아서는 이 명령으로 시작됩니다. 하나님은 호세아와 음란한 여인 사이에 태어난 첫째 아이의 이름을 '이스르엘', 둘째를 '로루하마', 셋째를 '로암미'

로 지으라고 명령하십니다. 부정 접두어 '로'가 붙어서 '내 긍휼을 받을 수 없다(로루하마)', '내 백성이 아니다(로암미)'라는 뜻의 이름을 자식에게 붙이도록 한 것입니다.

자식을 낳아 길러 보면 누구나 잘 알 것입니다. 아무리 마음에 안 들고 속상해도 내 자식이 아니라고는 할 수 없는 것이 부모인데, 하나님은 호세아로 하여금 자기가 낳은 자식을 '내 자식이 아니다'라고 외치게 하십니다. 그 안타까움과 속상함과 분노의 자리에 하나님이 들어가신 것입니다. 하나님이 자기 백성으로 말미암아 얼마큼 분노하시며 속상해하시는지를 호세아에게 증언하라고 하십니다.

하나님은 진노하고 계십니다. 이스라엘 백성의 잘못과 불순종과 배반에 대하여 진노하시지만, 이 진노는 보복을 위한 진노가 아니라는 사실이 호세아서에서 가장 중요합니다.

호세아서는 하나님의 사랑을 진노로 증언합니다. 하나님의 진노는 이스라엘을 파멸과 심판으로 끌고 가자는 것이 아니라 이스라엘 백성을 향한 하나님의 사랑이 얼마나 무서운 것인가를 보여 줍니다.

지금 공포를 불러일으키려는 것이 아닙니다. 하나님이 얼마나 치열하게, 포기할 수 없는 진심으로 일하시는가를 증언하는 자리인 것입니다. 이스라엘 백성의 배반과 불신앙에 대한 하나님의 분노는 그들을 향하여 당신의 사랑을 목적하고 있기에 그들을 포기할 수 없다는 의미의 분노입니다. 포기했다면 화도 나지 않는 법입니다. 외면하면 되기 때문입니다.

그러나 지금 하나님은 그리하시지 않습니다. 하나님을 배반하고 도망간 자리까지 찾아오시는 모습에서 하나님의 분노에 담긴 사랑을 읽을 수 있습니다.

이것이 본문 10절에 '그러나'가 나오는 이유입니다. 여기 '그러나'는 하나님이 앞에서는 분노하셨지만, 끝까지 분노하시지는 않겠다는 뜻의 '그러나'가 아닙니다. 이 '그러나'는, 원래 하나님의 진노가 목적하신 것은 우리가 쉽게 생각하는 보복과는 다른 의미라는 뜻의 '그러나'입니다. 이제 이스라엘 백성은 구원받고 회복되며 하나님의 복을 받을 것이라는 약속으로 마무리됩니다. 11절의 "이에 유다 자손과 이스라엘 자손이 함께 모여 한 우두머리를 세우고 그 땅에서부터 올라오리니 이스르엘의 날이 클 것임이로다"라는 내용에서 알 수 있습니다.

첫째 아이 이름인 이스르엘은 원래 지명(地名)인데, 북 왕조 이스라엘의 아주 비옥한 경지인 복된 땅을 가리킵니다. '이스르엘'은 '하나님이 심으신다'라는 뜻으로 굉장히 복된 이름임을 알 수 있습니다. 그러나 앞 장에서 살펴본 바와 같이, 이스르엘은 이런 복된 뜻과는 거리가 있습니다. 예후가 아합 왕조를 파멸시킬 때 그들의 왕자 70인을 죽인 곳, 아합 왕조와 연결된 유다 왕을 죽인 곳, 또 이세벨을 죽인 곳이 이스르엘입니다. 이처럼 하나님은 보복의 장소라는 역사적 사실을 염두에 두고 첫째 아이 이름을 '이스르엘'로 지으라고 하신 것입니다. 예후가 아합 왕조를 멸망시킨 것같이 내가 예후 왕조를 멸망시키며 북 왕조를 멸망시키겠다는 뜻이 '이스르엘'에 담겨 있는 중요한 의미입니다.

그러나 본문에서 이제 회복과 구원, 하나님의 궁극적 복을 약속하면서 '이스르엘의 날이 클 것임이로다'라고 하여 원래 이스라엘에게 허락했던 비옥한 땅인 젖과 꿀이 흐르는 땅, 하나님이 심고 거두시는 복된 땅, 복된 나라, 복된 기업이라는 의미가 그 뜻대로 실현될 것을 약속하십니다.

이 약속과 이스라엘을 향한 하나님의 진노가 결국 복으로 마무리되는 이 연결에는 단 하나의 조건이 있는데 그것이 무엇인지 살펴봅시다. 이스라엘은 하나님을 배신하고 복 받지 못할 짓을 하며 더 나아가 심판을 불러오기까지 합니다. 하나님의 진노가 쏟아지는 오늘을 만든 장본인이 바로 이스라엘 자신입니다. 그럼에도 복된 승리의 미래가 약속되는 근거는 무엇일까요? 이스라엘 백성의 잘못이 만든 오늘이 하나님의 복을 받아 내는 내일을 만들어 낼 수 없음에도 불구하고 이 불연속을 묶어 내는 힘이 어디에서 나올까요? 10절을 다시 보겠습니다.

그러나 이스라엘 자손의 수가 바닷가의 모래 같이 되어서 헤아릴 수도 없고 셀 수도 없을 것이며 전에 그들에게 이르기를 너희는 내 백성이 아니라 한 그 곳에서 그들에게 이르기를 너희는 살아 계신 하나님의 아들들이라 할 것이라 (호 1:10)

살아 계신 하나님이 유일한 조건이며 유일한 근거라고 합니다. 이는 어떤 조건이나 근거보다 크고 놀랍습니다. 하나님의 이 약속이 어떤 역사적 근거를 두고 제시되었는지 10절을 다시 봅시다. '그러나 이스라엘 자손의 수가 바닷가의 모래 같이 되어서 헤아릴 수도 없고 셀 수도 없을 것'이라고 하여 아브라함과 하신 약속을 인용하고 있음을 발견할 수 있습니다. 오래전 아브라함에게 하셨던 약속, 이스라엘의 선조에게 하셨던 약속이 하나님의 신실함과 영원함에 근거하여 또한 여기 표현대로 '살아 계신' 하나님에 근거를 두어, 벌 받을 오늘을 만들어 낸 이스라엘에게 그 벌이 만들어 낼 수 없는 미래를 이을 수 있게 해 주는 것입니다. 하나님이 아브라함에게 "네 자손이 하늘의 별과 같고 바닷가의 모래 같을 것이라"라고 하셨던 약속이 어떤 약속이었는지 확인할 필요가 있습니다. 로마서 4장을 찾아봅시다.

기록된 바 내가 너를 많은 민족의 조상으로 세웠다 하심과 같으니 그가 믿은 바 하나님은 죽은 자를 살리시며 없는 것을 있는 것으로 부르시는 이시니라 아브라함이 바랄 수 없는 중에 바라고 믿었으니 이는 네 후손이 이같으리라 하신 말씀대로 많은 민족의 조상이 되게 하려 하심이라 그가 백 세나 되어 자기 몸이 죽은 것 같고 사라의 태가 죽은 것 같음을 알고도 믿음이 약하여지지 아니하고 믿음이 없어 하나님의 약속을 의심하지 않고 믿음으로 견고하여져서 하나님께 영광을 돌리며 약속하신 그것을 또한 능히 이루실 줄을 확신하였으니 그러므로 그것이 그에게 의로 여겨졌느니라 그에게 의로 여겨졌다 기록된 것은 아브라함만 위한 것이 아니요 의로 여기심을 받을 우리도 위함이니 곧 예수 우리 주를 죽은 자 가운데서 살리신 이를 믿는 자니라 예수는 우리가 범죄한 것 때문에 내줌이 되고 또한 우리를 의롭다 하시기 위하여 살아나셨느니라(롬 4:17-25)

아브라함의 예를 들어 하나님이 누구신가를 우리에게 확인시킵니다. 가장 놀라운 사실은 하나님은 무에서 유를 창조하시는 분이라는 점입니다. 아브라함의 믿음에 대해서 생각할 때에, 무에서 유를 만들어 내신 하나님의 하나님 되심을 생각해야 한다는 것입니다.

'아브라함이 바라고 믿었으니'라는 말의 의미는 그의 믿음이 조건이 되었다는 뜻이 아닙니다. 하나님이 아브라함에게 하신 약속은 아브라함에게 자격과 조건이 있어서가 아니라 하나님이 아브라함에게 기쁜 뜻을 가졌기 때문에, 곧 하나님이 이유가 되셔서 주신 것입니다. 그래서 아브라함은 믿음의 조상이 될 수 있었습니다. 여기서 믿음이 동원되고 설명되는 것은 무에서 유를, 없는 것을 있는 것같이 부르시는 하나님이 시작하신 일이라는 점을 가리키기 위해서입니다.

예수를 허락받은 신약 시대에는 아브라함에게 했던 약속이 예수 안에서 더 밝히 드러납니다. 한 걸음 더 나아가 이 하나님은 '예수로 인하여 죽은 자를 살리시는 하나님'이라고 소개됩니다. 그러면 '예수를 믿는 자가 누구냐'라는 질문의 답은 23절 이하에서 찾을 수 있습니다. '그에게 의로 여겨졌다 기록된 것은 아브라함만 위한 것이 아니요 의로 여기심을 받을 우리도 위함이니'라고 이야기합니다.

얼핏 생각하면, 아브라함이 하나님을 믿어서 의롭다 하심을 받았다는 것과 우리가 예수를 믿어 의롭다 하심을 받는 것, 이 둘을 평행으로 놓을 수 있습니다. 아브라함이 하나님을 믿어 의롭다 하심을 받았듯이 우리도 예수를 믿어 의롭다 하심을 받는다고 말입니다. 수사법으로는 문제가 없지만, 성경은 이 말이 가진 뜻을 조금 더 깊이 들어가 이렇게 설명합니다. '의로 여기심을 받을 우리도 위함이니 곧 예수 우리 주를 죽은 자 가운데서 살리신 이를 믿는 자'(롬 4:24)라고 말입니다.

'예수가 죽음에서 부활하심으로 하나님이 우리를 의롭게 여기신다'라는 의미는 의롭게 될 조건을 우리가 제시한 것이 아니라 죽어 마땅할 자격밖에 없는 우리를 예수로 말미암아 죽음의 자리에서 살려 내신 것을 말합니다. 믿음과 의는 늘 만만치 않은 문제인데, 이처럼 우리가 가진 믿음에는 책임으로서의 믿음만 있지, 조건으로서의 믿음은 없습니다. 그런 조건은 하나님만이 이루실 수 있기 때문입니다.

호세아서에서 이런 사실을 분명히 봅니다. 이스라엘 백성이 하나님을 배반하고 불순종하여 타락의 길로 가자, 하나님은 매우 분노하셔서 이스라엘에게 '내 백성이 아닌 자', '긍휼을 받을 수 없는 자'라는 이름을 붙이라고 하십니다. 하나님이 얼마나 이스라엘 백성에 대해서 진노하시는지, 저들이 얼마나 잘못 가고 있는지를 지적하시는 것입니다.

그런데 그 상황을 그냥 이어 '그러나'로 오는 것입니다. 내가 결국 아브라함과 한 약속을 기억할 것이다, 그것은 내가 한 약속이다, 아브라함의 경우도 그에게 자격이 있어서 준 것이 아니었다, 바로 나의 나 됨으로 내가 아브라함을 불러낸 것이다, 아브라함을 불러냈듯이, 내가 내 백성으로 무에서 유를 만드는 것보다 하나 더 들어간 죽음의 자리에서 살려 낼 것이라고 합니다.

이것을 로마서 4장에서는 아브라함의 믿음과 연결하여 말합니다. 이미 구약에서 그리하셨고 그 실증을 예수 안에서 보이셨습니다. 예수의 죽음과 부활을 동원하여 우리의 의와 믿음을 설명합니다. 우리의 믿음은 당연히 예수를 믿는 것이요 하나님을 아는 것이지만, 이렇게 믿고 아는 것은 구원을 얻고 은혜를 입어서 알게 된 것입니다. 우리가 먼저 알고 이해하고 소원해서 오늘 우리의 결과가 주어진 것이 아닙니다.

이 둘의 차이를 보여 주려고 성경은 신자가 하나님을 자랑하는지 아니면 자기 자신을 자랑하는지를 묻습니다. '내게 자격이 있다. 나는 너와 다르다'라고 이해하느냐, '은혜를 입었다. 하나님만이 찬송받으셔야 한다'라고 이해하느냐의 문제입니다. 오늘 본문에서 이 문제를 이야기하는데, 10절을 다시 보겠습니다.

그러나 이스라엘 자손의 수가 바닷가의 모래 같이 되어서 헤아릴 수도 없고 셀 수도 없을 것이며 전에 그들에게 이르기를 너희는 내 백성이 아니라 한 그 곳에서 그들에게 이르기를 너희는 살아 계신 하나님의 아들들이라 할 것이라 (호 1:10)

'살아 계신 하나님'이라는 표현은 '나는 스스로 있는 자니라' 와 그 뿌리가 매우 흡사합니다. 하나님이 모세를 부르시면서 "너는 애굽에 가서 내 백성을 불러내어 이곳에 데려와 나를 경배하라"라는 임무를 주실 때에, 모세가 거부하며 이런 질문을 합니다. "당신의 이름이 무엇입니까? 당신의 이름을 알려 주십시오." 조금 더 이해하기 좋게 의역하면 "당신은 어떤 분이십니까?"라는 질문입니다. 이에 대해 하나님은 "나는 스스로 있는 자니라"라고 답하십니다.

  '스스로 있는 자'와 여기 나온 '살아 계신 하나님'은 어근이 같습니다. 예전에 '스스로 있는 자'를 설명할 때에, 그 의미는 '나는 하나님이기를 중단할 수 없는 자니라'라는 말씀과 같다고 언급한 기억이 납니다. '살아 계신 하나님'도 이와 똑같습니다.

  '살아 계신 하나님'이란 뜻은, 하나님은 생명만 붙어 있는 분이 아니라 '하나님은 하나님이신 분'이라는 의미입니다. 하나님은 세상을 창조하시고 의와 평강과 진리와 생명을 만드시고 유지하시고 풍성케 하시고 완성하시는 분이며 이 일을 중단하실 수 없는 분이라는 뜻입니다. "너희가 나를 배반하고 떠났으나 나는 너희의 이런 반응에도 내가 하나님인 것을 중단할 수 없다"라는 뜻입니다. 그런데 과연 우리는 '살아 계신 하나님'이라는 말에 담긴 뜻을 제대로 음미하며 신앙생활 하고 있을까요? 예수 믿는 사람의 인생행로 속에서 신자들을 가장 많이 위협하는 것은 우리가 기대하는 신앙의 소원과 현실 간의 격차입니다. 남이 나보고 뭐라고 하지 않아도 나 스스로 이것보다는 더 나아야 한다는 생각이 나 자신을 시험합니다. 이런 생각이 들 때에 하나님 앞에 떳떳하고자 교회를 떠나는 사람도 있습니다. 지금 자기 수준에 맞게 하겠다는 것입니다. 하나님 보시기에 자신에게는 전혀 만족할 만한 것이 없는데, 이렇게 나와 예배드리는 것은 위선이라고 생각하는 것입니다.

그러나 하나님을 떠나는 것이야말로 최악의 죄입니다. 자기 잘못을 진정으로 인정한다면, 하나님 앞에 한 번 더 나와야 합니다. 하나님을 떠나는 것은 무슨 핑계를 대더라도 결국 도망가겠다는 것밖에 안 됩니다. 이는 살아 계신 하나님을 제대로 알지 못하는 것입니다. 신명기 4장에는 살아 계신 하나님에 대한 아주 유명한 구절이 나옵니다.

네가 있기 전 하나님이 사람을 세상에 창조하신 날부터 지금까지 지나간 날을 상고하여 보라 하늘 이 끝에서 저 끝까지 이런 큰 일이 있었느냐 이런 일을 들은 적이 있었느냐 어떤 국민이 불 가운데에서 말씀하시는 하나님의 음성을 너처럼 듣고 생존하였느냐 어떤 신이 와서 시험과 이적과 기사와 전쟁과 강한 손과 편 팔과 크게 두려운 일로 한 민족을 다른 민족에게서 인도하여 낸 일이 있느냐 이는 다 너희의 하나님 여호와께서 애굽에서 너희를 위하여 너희의 목전에서 행하신 일이라 이것을 네게 나타내심은 여호와는 하나님이시요 그 외에는 다른 신이 없음을 네게 알게 하려 하심이니라 여호와께서 너를 교훈하시려고 하늘에서부터 그의 음성을 네게 듣게 하시며 땅에서는 그의 큰 불을 네게 보이시고 네가 불 가운데서 나오는 그의 말씀을 듣게 하셨느니라 여호와께서 네 조상들을 사랑하신 고로 그 후손인 너를 택하시고 큰 권능으로 친히 인도하여 애굽에서 나오게 하시며 너보다 강대한 여러 민족을 네 앞에서 쫓아내고 너를 그들의 땅으로 인도하여 들여서 그것을 네게 기업으로 주려 하심이 오늘과 같으니라 그런즉 너는 오늘 위로 하늘에나 아래로 땅에 오직 여호와는 하나님이시요 다른 신이 없는 줄을 알아 명심하고 오늘 내가 네게 명령하는 여호와의 규례와 명령을 지키라 너와 네 후손이 복을 받아 네 하나님 여호와께서 네게 주시는 땅에서 한 없이 오래 살리라 (신 4:32-40)

하나님이 이스라엘 백성에게 젖과 꿀이 흐르는 땅을 약속하시면서 이렇게 말씀하십니다. "그곳에 들어가면 너희는 내 명령을 지키고 내 법도를 따르라. 나는 너희를 애굽에서 인도하여 낸 하나님이니라. 나는 너희를 시내 산으로 불러 천둥과 불 속에서 강림하여 너희와 만나 주고 너희에게 친히 나의 법도를 가르쳐 준 하나님이니라. 그러므로 그 땅에 들어가면 내가 명령한 내용을 지키라."

우리는 쉽게 이 앞의 내용을 근거로 뒤의 것을 따라야 한다고 생각합니다. 앞에 나온 것이 근거가 되고, 그 위에 뒤의 것을 세워야 한다는 것입니다. 따라서 우리 마음속에는 앞의 것이 더 크게 남습니다. 불 속에서, 홍해를 가르시고, 반석에서 물을 주시며, 만나를 내리시는 일이 더 크게 기억됩니다.

그러나 사실 홍해를 가르고 반석에서 물을 내고 만나를 주시고 번개와 천둥 속에서 만나 주신 것은 결국 이것을 위해 그리하신 것입니다. 앞에 있는 것보다 뒤에 있는 것이 더 중요합니다. 하나님은 하나님 외에 다른 신이 없음을 알게 하시려고 이런 기적을 베푸신 것입니다. 그리하여 하나님은 이스라엘에게 하나님의 거룩하심을 심습니다. 하나님의 영광을 심으십니다.

그런데 이스라엘 백성은 풍요를 누리기 위하여 폭력을 불러오고 자기 이해관계를 위하여 힘을 불러옵니다. 그것이 이스라엘 백성에게는 우상이었습니다. 우상은 언제나 자기 뜻을 이루어 주는 더 큰 힘과 수단에 불과한 말 못하는 신입니다. 자기 뜻과 자기 인격이 없습니다.

그러나 이런 백성들을 향하여 하나님은 이야기하십니다. "너희는 내 아들들이라. 나는 스스로 있는 자니라. 나는 하나님이기를 중단할 수 없으며 너희를 만들어 복을 주기로 작정한 하나님이기 때문에 너희를 놓아두지 않을 것이다. 너희는 결국 복을 받을 것이다. 너희는 결국 거룩해질 것이다."

여기서 우리는 하나님이 어떤 분이신지 조금씩 실감합니다. 이 말은 우리가 가만히 있어도 된다는 뜻이 아닙니다. 우리는 죽고 싶어도 거룩한 사람이 되기 전에는 죽을 수도 없는 존재입니다. 무시무시한 하나님이십니다. 이것이 오늘 말씀입니다. 복된 약속이지만 앞에 나온 진노가 보복으로 끝나지 않듯이, 오늘의 복된 약속은 우리가 가만히 있어도 된다는 뜻이 아님을 기억하기 바랍니다. 정신 차리라는 뜻입니다.

이 진노하시는 하나님이 이스라엘 백성을 다 쳐 죽여 하나님 혼자 살기로 결정하고 그들을 없애 버리는 것으로 끝내시지 않을 것이며 그들을 씻으실 것입니다. 그래서 그들이 바벨론 포로가 됩니다. 실제로 이스라엘이 바벨론 포로가 되어 70년 포로 생활을 겪게 됩니다. 이 사실을 기억하여 오늘 말씀의 약속이 주는 위로와 소망과 더불어 그 두려움도 깨닫기 바랍니다. 이사야 42장의 무시무시한 말씀을 읽고 명심합시다.

내가 붙드는 나의 종, 내 마음에 기뻐하는 자 곧 내가 택한 사람을 보라 내가 나의 영을 그에게 주었은즉 그가 이방에 정의를 베풀리라 그는 외치지 아니하며 목소리를 높이지 아니하며 그 소리를 거리에 들리게 하지 아니하며 상한 갈대를 꺾지 아니하며 꺼져가는 등불을 끄지 아니하고 진실로 정의를 시행할 것이며 그는 쇠하지 아니하며 낙담하지 아니하고 세상에 정의를 세우기에 이르리니 섬들이 그 교훈을 앙망하리라 (사 42:1-4)

이는 궁극적으로 예수 그리스도를 가리킵니다. 그는 목소리를 높이지 않을 것입니다. 화내고 흔들어 항복을 받아 내시지 않을 것입니다. 이는 우리의 반응과 책임을 요구하는 것보다 더 나아가시기 때문입니다. 하나님은 기어코 그 뜻을 이루기 위하여 우리가 승리하기까지 결코 포기하시지 않을 분이라는 뜻입니다. 무시무시한 말입니다.

하늘을 창조하여 펴시고 땅과 그 소산을 내시며 땅 위의 백성에게 호흡을 주시며 땅에 행하는 자에게 영을 주시는 하나님 여호와께서 이같이 말씀하시되 나 여호와가 의로 너를 불렀은즉 내가 네 손을 잡아 너를 보호하며 너를 세워 백성의 언약과 이방의 빛이 되게 하리니 네가 눈먼 자들의 눈을 밝히며 갇힌 자를 감옥에서 이끌어 내며 흑암에 앉은 자를 감방에서 나오게 하리라 나는 여호와이니 이는 내 이름이라 나는 내 영광을 다른 자에게, 내 찬송을 우상에게 주지 아니하리라 (사 42:5-8)

우상이란 인간이 자기 마음대로 생각하여 파멸에 이르더라도 아무런 개입이나 간섭도 하지 못하는 존재입니다. 하나님은 그렇게 하시지 않겠답니다. 하나님은 포기하시지 않고, 구경만 하시지 않고, 두고 보시기만 하지 않겠답니다. 이 진심이 이스라엘 백성에게 반복하신 "내가 너희를 애굽에서 불렀노라. 내가 너희를 시내 산에서 만났노라"라는 말씀 속에서 크게 나타납니다. 그리고 그보다 더 크게 "내가 너희를 위하여 내 아들을 보내었노라"라는 말씀에서 나타나는 것입니다.

결국 신앙은 예수가 누구신지를 얼마나 아느냐에 달려 있습니다. 예수는 누구인가, 이는 하나님의 얼마나 무섭고 거룩한 뜻이며 무시무시한 사랑인가, 얼마나 놀라운 소망이기에 성경이 말하는 대로 두렵고 떨림으로 구원을 이루어야 하는가, 하나님의 자녀가 되는 것이 얼마나 영광스러운 일인가, 그리하여 우리가 얼마나 조심해야 하며 애써야 하는 일인가를 생각해야 신앙이 무엇인지 깨닫게 되기 때문입니다.

우리는 혼자서 마음대로 결정할 수 있는 존재가 아니며, 더 큰 힘과 더 큰 사랑과 더 큰 능력에 붙잡힌 존재입니다. 이 사실을 아는 깨달음과 거기서 얻는 운명적 승리와 도망갈 수 없는 책임을 인식하기 바랍니다.

기도

하나님 아버지, 하나님을 아버지라 부르는 것은 하나님이 허락하신 큰 자랑입니다. 우리는 어디서나 하나님의 자녀이고 하나님은 이 허락을 영원히 철회하지 않을 것입니다. 하나님의 자녀가 가진 자랑 이상으로 우리가 얼마나 두려운 존재요, 무서우리만큼 엄청난 사랑을 받고 있는가를 깨닫게 하여 주시옵소서. 단지 두렵고 무서워해야만 하는 하나님이 아니라 경외해야 하는 하나님, 경이로우신 하나님, 우리를 기어코 당신의 깊으신 뜻으로 채우시고야 말, 그렇게 우리를 승리케 하시고야 말 하나님의 자녀가 되었다는 것을 기억하게 하옵소서.

하나님, 우리 삶에는 많은 문제가 가득합니다. 그러나 이 모든 것보다 가장 신경 쓰고 집중하고 우리 자신을 붙들어 매야 할 것은 하나님이 우리 아버지라는, 이 바꿀 수 없고 타협할 수 없으며 취소할 수 없는 우리의 신분입니다. 이 사실을 알고 신자 된 우리의 현실을 살게 하옵소서. 우리가 목 놓아 울고 억울해하고 분통이 터지는 어떤 것보다 하나님의 사랑이 더 크고 위대한 것임을 알게 하옵소서. 우리의 눈물을 닦고 입을 닫고 눈을 들고 힘을 다하여 하나님을 바라보며, 이렇게 말씀하시고 찾아오시고 증거하시고 허락하신 하나님의 자녀로 사는 믿음을 지키게 하옵소서. 예수님 이름으로 기도합니다. 아멘.

3 나는 타협할 수 없다

²너희 어머니와 논쟁하고 논쟁하라 그는 내 아내가 아니요 나는 그의 남편이 아니라 그가 그의 얼굴에서 음란을 제하게 하고 그 유방 사이에서 음행을 제하게 하라 ³그렇지 아니하면 내가 그를 벌거벗겨서 그 나던 날과 같게 할 것이요 그로 광야 같이 되게 하며 마른 땅 같이 되게 하여 목말라 죽게 할 것이며 ⁴내가 그의 자녀를 긍휼히 여기지 아니하리니 이는 그들이 음란한 자식들임이니라 ⁵그들의 어머니는 음행하였고 그들을 임신했던 자는 부끄러운 일을 행하였나니 이는 그가 이르기를 나는 나를 사랑하는 자들을 따르리니 그들이 내 떡과 내 물과 내 양털과 내 삼과 내 기름과 내 술들을 내게 준다 하였음이라 ⁶그러므로 내가 가시로 그 길을 막으며 담을 쌓아 그로 그 길을 찾지 못하게 하리니 ⁷그가 그 사랑하는 자를 따라갈지라도 미치지 못하며 그들을 찾을지라도 만나지 못할 것이라 그제야 그가 이르기를 내가 본 남편에게로 돌아가리니 그 때의 내 형편이 지금보다 나았음이라 하리라 ⁸곡식과 새 포도주와 기름은 내가 그에게 준 것이요 그들이 바알을 위하여 쓴 은과 금도 내가 그에게 더하여 준 것이거늘 그가 알지 못하도다 ⁹그러므로 내가 내 곡식을

그것이 익을 계절에 도로 찾으며 내가 내 새 포도주를 그것이 맛 들 시기에 도로 찾으며 또 그들의 벌거벗은 몸을 가릴 내 양털과 내 삼을 빼앗으리라 [10]이제 내가 그 수치를 그 사랑하는 자의 눈 앞에 드러내리니 그를 내 손에서 건져낼 사람이 없으리라 [11]내가 그의 모든 희락과 절기와 월삭과 안식일과 모든 명절을 폐하겠고 [12]그가 전에 이르기를 이것은 나를 사랑하는 자들이 내게 준 값이라 하던 그 포도나무와 무화과나무를 거칠게 하여 수풀이 되게 하며 들짐승들에게 먹게 하리라 [13]그가 귀고리와 패물로 장식하고 그가 사랑하는 자를 따라가서 나를 잊어버리고 향을 살라 바알들을 섬긴 시일대로 내가 그에게 벌을 주리라 여호와의 말씀이니라 [14]그러므로 보라 내가 그를 타일러 거친 들로 데리고 가서 말로 위로하고 [15]거기서 비로소 그의 포도원을 그에게 주고 아골 골짜기로 소망의 문을 삼아 주리니 그가 거기서 응대하기를 어렸을 때와 애굽 땅에서 올라오던 날과 같이 하리라 (호 2:2-15)

본문에서는 이스라엘이 하나님을 외면하고 바알 신을 섬겨 하나님을 격노케 하는 장면이 나옵니다. 이런 정황은 특히 5절의 '나는 나를 사랑하는 자들을 따르리니 그들이 내 떡과 내 물과 내 양털과 내 삼과 내 기름과 내 술들을 내게 준다'라는 말씀에서 보듯, 이스라엘이 당시 경제적 풍요와 정치적 안정기의 현실을 하나님이 주신 복이 아닌 세상이 준 것으로 이해하고 있다는 사실에서 알 수 있습니다. 이 당시는 경제적으로 풍요로우며 정치적으로 안정된 시기였습니다. 또한 11절의 '내가 그의 모든 희락과 절기와 월삭과 안식일과 모든 명절을 폐하겠'다는 말씀을 통해 그 당시 이스라엘의 종교 행위도 번성했음을 확인할 수 있습니다.

시대 배경은 북 왕조 이스라엘의 여로보암 2세가 다스리던 때인 기원전 750년쯤으로 보입니다. 나중에 이스라엘이 기원전 722년쯤에 멸망하므로 본문은 패망이 30년 남짓 남은 시점이라는 것을 염두에 두고 보아야 합니다.

'너희 어머니'라는 표현은 '이스라엘 나라'를, '너희'는 '이스라엘 백성'을 가리킵니다. 나라 전체가 하나님을 외면하여 우상숭배로 돌아섰고 백성들도 이 우상숭배를 그대로 따르는 상황에서 하나님이 아주 무섭게 그들의 죄를 드러내시고 분노를 표하시며 심판하겠다고 말씀하시는 내용입니다.

5절에 보듯이 '나는 나를 사랑하는 자들을 따르리니'라고 해서 이스라엘 백성이 본남편을 놔두고 자기를 사랑하는 자를 좇아갔다고 합니다. 또한 12절에서 '그가 전에 이르기를 이것은 나를 사랑하는 자들이 내게 준 값이라'라고 했는데, '나를 사랑하는 자들'이란 하나님이 격노하시는 대상인 우상을 가리킵니다. 그래서 우상을 사랑하고 숭배하는 이야기가 여기 나오는 것입니다.

당시 가나안 지방에서 가장 융성했던 우상은 바알이었습니다. 바알은 다산과 풍요의 신입니다. 이스라엘 백성은 자기네가 누리는 현실적 풍요로움이 세상이 준 것이라 생각할 뿐, 하나님이 준 것이라고는 생각하지 못했습니다. 그리하여 하나님이 이들의 귀를 막고 이들의 풍요로움을 다 거두어서 세상이 행복을 주는 것이 아님을 밝히시겠다고 합니다. 구체적으로 언급한 대표적 우상인 바알이 신이 아니라 허수아비에 불과하다는 것을 밝혀, 결국 저들이 세상에서 누리는 모든 물질적 풍요가 진정한 의미의 행복이나 가치가 아니고, 하나님만이 저들의 풍요로움과 가치가 될 수 있다는 사실을 알게 하시겠다고 합니다. 8절 이하를 계속 보겠습니다.

곡식과 새 포도주와 기름은 내가 그에게 준 것이요 그들이 바알을 위하여 쓴 은과 금도 내가 그에게 더하여 준 것이거늘 그가 알지 못하도다 그러므로 내가 내 곡식을 그것이 익을 계절에 도로 찾으며 내가 내 새 포도주를 그것이 맛들 시기에 도로 찾으며 또 그들의 벌거벗은 몸을 가릴 내 양털과 내 삼을 빼앗으리라 (호 2:8-9)

하나님이 이것을 다 빼앗아서 10절처럼 '이제 내가 그 수치를 그 사랑하는 자의 눈앞에 드러내리니 그를 내 손에서 건져낼 사람이 없'게 하신다고 합니다. 바알이 준 것이요, 세상이 주었다고 하는 것을 다 빼앗아 바알이나 세상이 진정한 주인이 아님을 보이시며, 또한 하나님이 막으신 것은 세상이 역전할 수 없다는 것을 보여서 하나님만이 주인이심을 나타내시겠다고 합니다. 그래서 11절에 '내가 그의 모든 희락과 절기와 월삭과 안식일과 모든 명절을 폐하겠'다고 하십니다. 이처럼 그들은 하나님을 몇 가지 종교 행사나 의식으로 치부하여 그것으로 자기 할 일 다 한 것으로 여김으로써 진정한 신앙생활의 핵심은 다 놓치고 있는 것입니다.

    이런 일은 하나님이 우리를 구원하시고 우리 모든 삶에 복을 주시는 진정한 의미는 무엇인가, 라는 생각을 하게 합니다. 물론 세상의 재화가 진정한 가치나 복이 아니요 생명과 진리와 영생이 진정한 복이라고 이야기하는 것은 쉽지만, 여기에는 좀 더 깊게 생각할 거리가 있습니다.

하나님이 이스라엘 역사에 펼치신 가장 큰 사건 두 가지는 출애굽 사건과 바벨론 포로 사건입니다. 그런데 우리는 구약에서 이스라엘 백성의 특별한 역사적 경험과 의미를 출애굽에만 치중하는 경향이 있습니다. 물론 출애굽은 대단한 사건입니다. 열 가지 재앙을 내려 바로를 꺾고 홍해를 갈라 이스라엘 백성을 꺼낸 사건이기 때문입니다.

그러나 그렇게 꺼낸 백성을 바벨론에 넘기시는 하나님입니다. 호세아서를 읽으면서 배운 하나님에 대한 별명이 하나 있습니다. '무시무시한 하나님'입니다. 하나님은 정말 무시무시한 분이십니다. 어떤 의미에서 그렇습니까? 빌립보서 2장에 가 봅시다. 바벨론 포로 사건에 담긴 하나님의 깊은 뜻이 잘 설명된 신약의 구절을 빌립보서 2장에서 만날 수 있을 것입니다.

너희 안에 이 마음을 품으라 곧 그리스도 예수의 마음이니 그는 근본 하나님의 본체시나 하나님과 동등됨을 취할 것으로 여기지 아니하시고 오히려 자기를 비워 종의 형체를 가지사 사람들과 같이 되셨고 사람의 모양으로 나타나사 자기를 낮추시고 죽기까지 복종하셨으니 곧 십자가에 죽으심이라 이러므로 하나님이 그를 지극히 높여 모든 이름 위에 뛰어난 이름을 주사 하늘에 있는 자들과 땅에 있는 자들과 땅 아래에 있는 자들로 모든 무릎을 예수의 이름에 꿇게 하시고 모든 입으로 예수 그리스도를 주라 시인하여 하나님 아버지께 영광을 돌리게 하셨느니라(빌 2:5-11)

고마운 말씀이며 감격스러운 선언입니다. 그러나 다음 절에 이렇게 이어집니다.

그러므로 나의 사랑하는 자들아 너희가 나 있을 때뿐 아니라 더욱 지금 나 없을 때에도 항상 복종하여 두렵고 떨림으로 너희 구원을 이루라(빌 2:12)

이 말씀으로 하나님이 얼마나 무서운 하나님인가를 보이십니다. 물론 공포에 떨라는 뜻은 아닙니다. 하나님을 두려워해야 할 까닭은 그가 우리를 포기하시지 않을 뿐만 아니라 타협하시지도 않기 때문입니다. 그는 우리의 구원을 위해서라면 자기 아들도 십자가에 내어 주시는 분입니다. 그러므로 하나님은 우리와 대강 타협해서 넘어가시지 않을 것입니다.

이 목적을 이루시기 위하여 하나님은 우리에게 성결을 요구하실 것입니다. 성경에서 말하는 성결이란 하나님만을 기뻐하고 하나님만으로 만족하는 것을 의미합니다. 이는 만만치 않은 신앙의 내용입니다. 육체를 입고 현실을 살아야 하는 실존적 존재인 우리의 인생 여정에서 하나님이 얼마나 찬송받으실 분이요, 경배받으실 분인가를 배우는 데는 수많은 과정이 필요합니다. 이는 출애굽 사건 하나로 배울 수 있는 것이 아니라 바벨론 포로라는 역사적 사건으로 보완되어야 비로소 이해할 수 있습니다. 동시에 우리는 구원의 신비와 기적과 구원받은 자들을 성결로 인도하시는 하나님의 무시무시한 심판도 각오해야 합니다. 이 일에 관한 성경의 가르침은 뜻밖의 구절에서 만나게 됩니다. 에베소서 1장으로 갑시다. 15절부터 봅니다.

이로 말미암아 주 예수 안에서 너희 믿음과 모든 성도를 향한 사랑을 나도 듣고 내가 기도할 때에 기억하며 너희로 말미암아 감사하기를 그치지 아니하고 우리 주 예수 그리스도의 하나님, 영광의 아버지께서 지혜와 계시의 영을 너희에게 주사 하나님을 알게 하시고 너희 마음의 눈을 밝히사 그의 부르심의 소망이 무엇이며 성도 안에서 그 기업의 영광의 풍성함이 무엇이며 그의 힘의 위력으로 역사하심을 따라 믿는 우리에게 베푸신 능력의 지극히 크심이 어떠한 것을 너희로 알게 하시기를 구하노라 (엡 1:15-19)

에베소 교회에 보낸 이 편지는 에베소 교회 성도들의 믿음과 온전한 신앙고백을 전제하여 쓴 글입니다. 여기 있는 대로, '너희 믿음과 모든 성도를 향한 사랑을 나도 듣고' 바울은 그들이 하나님을 알기 원한다는 기도를 합니다. 호세아 본문과 이스라엘의 역사적 배경 속에서 이 말씀을 이해하면 무시무시해집니다.

하나님은 어떤 분이십니까? 우리를 구원하기로 작정하신 분입니다. 로마서 8장에서 이야기하는 바와 같이, 자기 아들을 아끼지 아니하시고 우리 모든 사람을 위하여 내 주신 이가 어찌 그 아들과 함께 모든 것을 우리에게 주시지 아니하겠습니까. 또한 그리스도 예수 안에 있는 하나님의 사랑에서 우리를 끊을 수 있는 것은 없으며 적신이나 기근이나 칼이나 그 무엇, 우리 자신의 못난 것까지도 하나님의 구원을 방해하지 못할 것입니다. 이는 이스라엘 역사 속에서 실현된 홍해를 건넌 사건에서 너무나 분명하게 드러납니다. 그를 막을 수 있는 것은 세상에 아무것도 없습니다.

하나님은 구원을 행하시는 분입니다. 이 구원은, 아무래도 좋다, 일단 너희의 비참한 현실을 해방하겠다, 이 정도에 그치지 않습니다. 우리의 비참한 현실은 외부의 정치 상황이나 사회 정황 때문에 빚어지는 것이 아니라 우리 안에 있는 죄 때문입니다.

죄란 하나님 없이 살 수 있다고 생각하는 것입니다. 하나님 이외의 것으로도 충분하다고 믿는 생각입니다. 그것이 우상으로 나타나든 아니면 우상과 상관없이 나타나든, 자기 필요를 하나님 이외의 것으로 채울 수 있다고 믿는 것에 대하여 하나님은 격노하십니다. 그것을 하나님이 놓아두시지 않습니다. 물론 하나님이 보복하고 엄히 심판하는 것은 정죄의 차원이 아닐 것입니다.

호세아서 전체가 사랑을 논하고 있다는 사실을 기억해야 합니다. 사랑은 타협할 수 없습니다. 이 말이 무슨 의미인지 잘 아실 것입니다. 가끔 실패하기도 하지만 우리는 우리 자녀를 포기하지 못합니다. 물론 우리는 화내고 걱정하는 것밖에 못하지만 하나님은 그리하시지 않습니다.

에베소서를 보면 하나님은 우리가 하나님을 알기를 원하시고 우리 마음의 눈이 밝아져 부르심의 소망이 무엇인지 알기를 원하신다고 합니다. '그의 부르심의 소망'이란 하나님만이 해 줄 수 있는 사랑을 받으라는 것입니다. 그러나 하나님의 사랑은 우리가 아는 사랑과 다릅니다. 에베소서 1장 3절 이하에서는 우리가 얻은 구원을 어떻게 선포하고 있습니까? 함께 읽어 보겠습니다.

찬송하리로다 하나님 곧 우리 주 예수 그리스도의 아버지께서 그리스도 안에서 하늘에 속한 모든 신령한 복을 우리에게 주시되 곧 창세 전에 그리스도 안에서 우리를 택하사 우리로 사랑 안에서 그 앞에 거룩하고 흠이 없게 하시려고 그 기쁘신 뜻대로 우리를 예정하사 예수 그리스도로 말미암아 자기의 아들들이 되게 하셨으니 이는 그가 사랑하시는 자 안에서 우리에게 거저 주시는 바 그의 은혜의 영광을 찬송하게 하려는 것이라 (엡 1:3-6)

이 영광에 미달하는 모든 것을 하나님은 거부하십니다. 무시무시한 하나님이십니다. 예수 그리스도 안에 있는 은혜가 우리를 죄로부터, 심판으로부터 꺼냈다고 간단하게 말하면 안 됩니다. 죄와 심판에서 꺼내신 이유는 하나님의 영광으로 부름 받은 자들을 이 영광의 자리로 오게 하기 위해서입니다. 이 영광의 자리로 오게 하기까지 하나님은 우리에게서 손을 놓지 않으실 것입니다.

하나님의 영광에 이르는 것은 예수 안에서 주어진 신자의 특권입니다. 요한복음 17장에 있는 예수 그리스도의 기도에서 나오다시피, '아버지께서 내 안에, 내가 아버지 안에 있는 것같이 그들도 다 하나가 되어 우리 안에 있게 하사'를 실현하는 것입니다. 이 과정은 깁니다. 한 번의 설명과 지식과 교육으로 이루어지지 않습니다. 긴 시간이 필요합니다.

우리가 이스라엘 역사를 통해 구약이 갖는 가장 큰 의미는 하나님이 우리를 당신의 사랑으로 인도하사 하나님이 누구신가를 우리에게 설득하시는 일을 시간 속에서 하신다는 것입니다. 우리의 한계와 이해의 제한 조건을 하나님이 감수하시고 우리를 위하여 그 제한 속에 들어와 일하십니다. 이것이 성경에서 말하는 '때가 차매'의 의미입니다. 때가 찼다는 것은 하나님이 물을 한 양동이씩 부어 물이 넘친다는 의미입니다. 때가 차오르는 것입니다. 하나님이 이스라엘 역사에서 그리하신 것같이 우리 인생에서도 계속 일하십니다.

간증의 가장 큰 가치나 유익은 무엇입니까? 누가 어떤 기적을 체험했고 하나님이 어떻게 그의 인생에 큰 은혜를 베푸셨는가 하는 신비나 기적보다 내가 넋 놓고 있을 때, 내가 확인하지 않은 시간에도 하나님은 성경의 약속대로 신실하게 일하고 계셨다는 사실을 발견하는 데 있습니다. 차가 뒤집혔는데 빛을 보았다든가, 죽어 가는 자리에서 최후의 수단으로 기도원에 갔는데 마음이 뜨거워지더니 병이 나았다든가 하는 간증은 아주 가치 있습니다. 내가 기억하지 못하는 순간과 내가 확인하지 못하는 시간에도 하나님이 쉬거나 외면하고 계신 것이 아니기 때문입니다. 하나님의 하나님 되심을 하나님이 일하고 계셨다는 것으로 확인하여, 나는 아직 안 넘쳤는지는 모르지만 하나님은 나에게 계속 물을 붓고 계셨다는 것을 알게 되는 것입니다. 어느 날 나도 넘칠 것입니다. 때가 차매 넘칠 것입니다.

그런데 우리는 이 문제를 오해하여 자꾸 불을 붙이려고 합니다. 간증해서 불을 붙이고 한마디 해서 불을 붙이려고 합니다. 확 익든지 아니면 타서 죽으라고 불을 붙입니다. 그러나 하나님은 그렇게 안 하십니다. 구약 이스라엘 역사의 그 긴 기간을 하나님이 어떻게 채워, 때가 차매 예수께서 오셨는가를 생각해 보십시오. 이스라엘의 긴 역사를 놓고 예수께서 오심을 예언하고 예언하여 약속하신 하나님의 진실하심과 높으심과 사랑의 크기를 보이셨습니다. 또한 현실에 개입하여 설명하시고 축복하시고 진노하시는 과정을 수없이 반복한 후 드디어 예수께서 오시는 것입니다.

더욱이 우리는 그 위에 신약의 모든 서신과 2000년 교회사를 갖고 있습니다. 또한 하나님은 우리 인생 속에서 성경을 펴 놓고 우리 삶의 현실적 정황인 외면할 수 없고 도망갈 수 없는 실존 속에서 우리를 간섭하시는 것입니다. 무엇을 위해서 그렇게 하실까요? 죄와 부패, 멸망에서 구원하여 하나님의 거룩한 영광이 되게 하려고 그리하십니다. 은혜를 베푸시고 성결케 하십니다. 이 일을 위하여 우리를 납득시키시고 항복시키십니다. 에베소서는 이렇게 이야기합니다.

그의 힘의 위력으로 역사하심을 따라 믿는 우리에게 베푸신 능력의 지극히 크심이 어떠한 것을 너희로 알게 하시기를 구하노라 (엡 1:19)

하나님은 우리에게 어떤 목표를 두시며 그 일을 이루시기 위하여 얼마큼 진지하게 이 일을 다루시는지 우리가 알기를 원하시는 것입니다. 호세아서에서는 이것이 선지자의 육성으로 중계됩니다. 하나님은 호세아로 하여금 하나님의 안타까움과 분노에 동참할 현실을 명령하십니다. 부정한 아내와 살게 하여 하나님의 마음을 설명하고 선포하는 정도가 아니라, 마음 깊은 곳에서 하나님의 안타까움과 찢어지는 가슴을 동일하게 느끼며 분노와 안타까움으로 이 말씀을 전하게 하십니다.

예수 그리스도의 죽으심을 모범 답안이나 영상으로 띄워

보내 우리가 보고 받아 쓰면 되게 하신 것이 아니라, 각자의 생애와 인격과 존재에 예수가 찾아오시는 것입니다. 마치 창세기부터 계시록까지 쓰셨듯이 우리 각자의 심령과 인생 속에서 하나님은 일하시고 설득하시고 그의 전 능력을 동원하십니다. 이 능력이란 힘뿐만이 아니라 진지함, 진정성, 모든 정성을 기울여 개입하시고 간섭하시고 인도하시는 하나님의 일하심입니다. 바로 십자가입니다.

그의 능력이 그리스도 안에서 역사하사 죽은 자들 가운데서 다시 살리시고 하늘에서 자기의 오른편에 앉히사 모든 통치와 권세와 능력과 주권과 이 세상뿐 아니라 오는 세상에 일컫는 모든 이름 위에 뛰어나게 하시고 또 만물을 그의 발 아래에 복종하게 하시고 그를 만물 위에 교회의 머리로 삼으셨느니라 (엡 1:20-22)

하나님은 예수 그리스도를 높여 모든 무릎을 예수의 이름에 꿇게 하십니다. 이 예수를 우리와 묶어 예수 그리스도의 승리가 우리의 승리가 되도록 하십니다. 결코 타협하거나 포기하지 않는 열심으로 모든 무릎을 꿇게 한, 모든 권세 위에 우뚝 세우신 예수 그리스도를 우리와 묶는 것입니다. '예수와 묶인 우리'란 지금 우리의 형편 전부를 포함합니다. 예수를 믿어 하나님의 자녀가 된 때부터 시작해서 모든 과정과 모든 수준과 모든 정황 속에 우리는 예수 그리스도와 묶여 있습니다. 우리가 돌아다니고 방황하며 혹 미련을 떨면서 거부한 모든 생애와 현실이 주에게 묶여 있게 하시는 것입니다.

본문에서는 매우 적나라한 표현이 나옵니다. 정말 육성같이 들립니다. 하나님의 일종의 비명 같은 말씀입니다. 다만 위에서 관찰하시는 하나님이 아니라 이스라엘 백성의 삶과 걸음에 동참하시고 그 자리에서 같이 경험하시고 외치시는 일종의 비명으로 들립니다. 예수 그리스도와 우리를 묶어 오늘도 어느 자리, 어떤 형편에 있든지 그리스도와 함께 걷게 하십니다. 이 연합은 우리의 부족함으로 약화되거나 소홀해지거나 쓸모없게 되지 않습니다. 호세아서에서 보는 하나님의 사랑은 이처럼 무서운 사랑입니다.

우리가 돌고 돌아간 그 깊은 곳과 우리가 가는 모든 길에 하나님이 그리스도와 우리를 묶어 놓으신 것같이, 돌고 돌아 그리스도의 승리와 영광의 자리로 우리를 끄집어내실 것입니다. 무시무시한 하나님! 고마우신 하나님! 우리의 못난 대로 버려두지 마시고 포기하지 말아 주시옵소서, 하고 비는 복된 신자가 되기 바랍니다.

기도

하나님 아버지, 은혜를 감사합니다. 우리는 미련한 인생입니다. 우리는 하나님의 복 주심과 사랑을 다 알 수 없습니다. 우리는 그저 고통에 민감하고 자존심에 붙들려 있고 보이는 것에 제한받을 뿐입니다. 우리의 무지와 미련과 연약함을 고백합니다.

성경의 하나님은 우리의 경험보다 너무도 큽니다. 우리가 인생과 현실을 놓고 하나님 앞에 "억울합니다. 어떻게 이럴 수가 있습니까?"라고 부르짖는 질문은 사실 성경의 기록에 견줄 바가 못됩니다. 출애굽의 하나님, 바벨론 포로를 허락하시는 하나님, 아니, 당신의 아들까지 보내시는 우리 주 예수 그리스도의 하나님이십니다. 성령으로 함께 살며 인도하시고 말씀으로 붙드시며 지금도 그리스도 예수 안에서 나를 놓으시지 않는 하나님을 배웁니다.

믿음을 갖게 하옵소서. 그리고 늘 은혜를 구하며 기도하는 신앙인이 되게 하사 세상을 이기게 하옵소서. 하나님만 붙드는 자리까지 주여, 놓지 말아 주시옵소서. 예수님 이름으로 기도합니다. 아멘.

4
내가 누구인지 알게 하리라

¹⁶여호와께서 이르시되 그 날에 네가 나를 내 남편이라 일컫고 다시는 내 바알이라 일컫지 아니하리라 ¹⁷내가 바알들의 이름을 그의 입에서 제거하여 다시는 그의 이름을 기억하여 부르는 일이 없게 하리라 ¹⁸그 날에는 내가 그들을 위하여 들짐승과 공중의 새와 땅의 곤충과 더불어 언약을 맺으며 또 이 땅에서 활과 칼을 꺾어 전쟁을 없이하고 그들로 평안히 눕게 하리라 ¹⁹내가 네게 장가 들어 영원히 살되 공의와 정의와 은총과 긍휼히 여김으로 네게 장가 들며 ²⁰진실함으로 네게 장가 들리니 네가 여호와를 알리라 ²¹여호와께서 이르시되 그 날에 내가 응답하리라 나는 하늘에 응답하고 하늘은 땅에 응답하고 ²²땅은 곡식과 포도주와 기름에 응답하고 또 이것들은 이스르엘에 응답하리라 ²³내가 나를 위하여 그를 이 땅에 심고 긍휼히 여김을 받지 못하였던 자를 긍휼히 여기며 내 백성 아니었던 자에게 향하여 이르기를 너는 내 백성이라 하리니 그들은 이르기를 주는 내 하나님이시라 하리라 하시니라 (호 2:16-23)

본문은 하나님이 이제 이스라엘의 불신앙과 반역을 회복하실 것이라는 내용입니다. 바알을 섬기던 이스라엘 백성으로 하여금 하나님만을 섬기게 하며 하나님이 이스라엘의 진정한 주인이며 남편이라는 사실을 알게 하여 하나님의 백성에게 평화와 행복을 주실 것이라고 합니다.

하나님이 이 모든 일을 하실 것입니다. 이스라엘의 반역, 배반, 무지, 어리석음, 완악함과 대조되는 것을 하나님이 이루겠다고 약속하십니다. 본문에서 가장 중요한 단어인 '나'는 하나님을 가리킵니다. 16절의 '그 날에 네가 나를 내 남편이라 일컫고 다시는 내 바알이라 일컫지 아니하리라'라는 말씀에서 보듯이, 하나님은 바알을 섬기는 이스라엘 백성의 죄를 꺾으시고 고치시며 진정한 하나님이 누구신가를 이스라엘 백성으로 알게 할 것을 약속하십니다. 또한 17절에서는 "내가 바알들의 이름을 그의 입에서 제거하여 다시는 그의 이름을 기억하여 부르는 일이 없게 하리라"라고 하시는 하나님의 마음과 마주하게 됩니다.

이스라엘 백성의 가장 큰 불신앙이자 하나님을 분노하게 한 것은 바로 우상숭배였습니다. 이는 단순히 하나님 외에 다른 신을 섬기는 것이 아니라 하나님을 섬기는 것과 바알을 섬기는 것이 혼합된 우상숭배였습니다. 이 둘은 어떻게 다릅니까? 전자는 하나님을 순종하지 않고 다른 신을 섬긴 우상숭배이고, 후자는 우상을 섬기듯이 하나님을 섬겨서 하나님을 바알로 또는 바알을 하나님으로 생각하는 우상숭배라는 점이 다릅니다. 이로 말미암아 기독교 신앙의 본질 곧 구약식으로 말하면 여호와 신앙의 본질인 여호와 하나님만을 섬기는 유일함과 특별함을 혼동하고 왜곡하는 일이 생기게 됩니다. 이 일은 이스라엘 백성에게 아주 뿌리 깊은 문제인데, 예를 들면 출애굽기 32장의 금송아지 사건이 그렇습니다.

백성이 모세가 산에서 버려옴이 더딤을 보고 모여 백성이 아론에게 이르러 말하되 일어나라 우리를 위하여 우리를 인도할 신을 만들라 이 모세 곧 우리를 애굽 땅에서 인도하여 낸 사람은 어찌 되었는지 알지 못함이니라 아론이 그들에게 이르되 너희의 아내와 자녀의 귀에서 금 고리를 빼어 내게로 가져오라 모든 백성이 그 귀에서 금 고리를 빼어 아론에게로 가져가매 아론이 그들의 손에서 금 고리를 받아 부어서 조각

칼로 새겨 송아지 형상을 만드니 그들이 말하되 이스라엘아 이는 너희를 애굽 땅에서 인도하여 낸 너희의 신이로다 하는지라 아론이 보고 그 앞에 제단을 쌓고 이에 아론이 공포하여 이르되 내일은 여호와의 절일이니라 하니 이튿날에 그들이 일찍이 일어나 번제를 드리며 화목제를 드리고 백성이 앉아서 먹고 마시며 일어나서 뛰놀더라 (출 32:1-6)

본문의 배경은 모세가 하나님의 율법을 받으러 시내 산에 올라가 있는 상황입니다. 모세가 내려오지 않자, 밑에서 기다리던 백성은 자기들을 구원한 신을 보이는 형상으로 만들게 됩니다. 십계명에서는 어떠한 형상이든지 자기를 위하여 새긴 우상을 만들지 말라고 함으로써 보이는 형상으로 우상을 만드는 일을 금하고 있습니다. 이는 여호와 한 분만 섬겨야 하는 것과 평행을 이룹니다. 즉 하나님 한 분만 섬겨야 하는 일이 어떤 형상으로 구체화되는 것을 막는 일과 연결되어 있는 것입니다.

흔히 하나님을 더 잘 이해하거나 확인하기 위해 형상을 만드는데, 이를 금하는 것은 형상이 지닌 한계 때문만이 아니라 그 형상을 우리 손으로 만든다는 점에 있습니다. 이것이 문제입니다. 우리가 조각하고 우리 힘으로 형상을 만듦으로써 우리가 신을 조작할 수 있다고 생각하기 때문입니다.

골로새서 3장 5절에서 '탐심은 우상 숭배'라고 지적하는 이유는 무엇입니까? 우상이란 능력이고 수단일 뿐, 소원을 빌고 있는 자기 자신이 주인이라고 말하는 것이 탐심이기 때문입니다.

알라딘의 램프를 예로 들어보겠습니다. 램프를 문지르면 마왕이 나옵니다. 이 마왕은 알라딘이 할 수 없는 일을 대신해 주지만 마왕의 주인은 알라딘입니다. 마왕이 램프에서 나오면 "주인님, 부르셨습니까?"라고 말합니다. 이것이 문제입니다.

탐심이란 가치와 목적은 우리가 정하고, 신은 그것을 이루어 주는 수단과 방법에 불과하여 실제 주인은 우리 자신인 것을 말합니다. 그래서 우상숭배라고 합니다. 출애굽기에서도 이스라엘 백성이 금송아지를 만든 후에 무엇이라고 하는지 다시 봅시다. 출애굽기 32장 4절입니다.

아론이 그들의 손에서 금 고리를 받아 부어서 조각칼로 새겨 송아지 형상을 만드니 그들이 말하되 이스라엘아 이는 너희를 애굽 땅에서 인도하여 낸 너희의 신이로다 하는지라 (출 32:4)

금을 모아 하나님 아닌 다른 신을 만든 것이 아니라, 하나님을 금송아지의 형상으로 만든 것입니다. 이어서 아론이 다음과 같이 말합니다.

아론이 보고 그 앞에 제단을 쌓고 이에 아론이 공포하여 이르되 내일은

여호와의 절일이니라 하니 (출 32:5)

여호와의 절일을 지키는 것은 하나님을 유일신으로 섬기는 의식인데, 그들은 의식만 그렇게 치를 뿐 사실은 하나님이 아닌 금송아지를 숭배함을 볼 수 있습니다. 지금 식으로 이야기 하면 주일을 지킨다고 해 놓고서 예수가 아닌 다른 신을 믿는 것과 똑같습니다.

내일은 여호와의 절일이니라 하니 이튿날에 그들이 일찍이 일어나 번 제를 드리며 화목제를 드리고 백성이 앉아서 먹고 마시며 일어나서 뛰 놀더라 (출 32:5하-6)

저들은 하나님이 자기들의 정성을 받으셨을 것이라고 믿고 만족하고 기뻐합니다. 그러나 하나님은 이스라엘의 잘못을 다음과 같이 지적하십니다.

여호와께서 모세에게 이르시되 너는 내려가라 네가 애굽 땅에서 인도 하여 낸 네 백성이 부패하였도다 그들이 내가 그들에게 명령한 길을 속 히 떠나 자기를 위하여 송아지를 부어 만들고 그것을 예배하며 그것에 게 제물을 드리며 말하기를 이스라엘아 이는 너희를 애굽 땅에서 인도 하여 낸 너희 신이라 하였도다 (출 32:7-8)

하나님이 무엇이라고 말씀하십니까? 이스라엘 백성이 부패하였다, 나를 섬기는 명령에서 벗어나 진리를 왜곡하고 혼잡하게 하였다, 자기들을 위하여 송아지를 부어 만들어 놓고 그것에 예배하면서 이를 나 여호와라고 이야기한다, 하고 지적하십니다. 이스라엘 백성의 역사에서 우상 문제만큼 심각한 죄는 없습니다.

이 문제는 하나님과 이스라엘 백성 사이에서 그리고 하나님의 지적과 이스라엘의 답변 사이에서 늘 초점이 어긋납니다. 하나님이 이스라엘 백성에게 "내가 누구인지 너희가 알기를 원한다"라고 하시면, 이스라엘은 "우리가 하나님 앞에 무엇을 잘못했습니까?"라고 합니다. 이것이 가장 크게 부딪히는 문제입니다. 이스라엘 백성들이 생각하기에 자기네는 하나님 섬기는 일을 포기하거나 소홀히 한 적이 없다는 것입니다. 말라기서에 가면 이것이 아주 강조되어 나타납니다. 하나님은 계속 "성전 문을 닫을 자가 있으면 좋겠다. 너희의 헛된 제물을 받는 데에 나는 지쳤다"라고 하십니다. 말라기서에 나타난 이스라엘 역사에서 가장 중요한 내용은, 하나님이 불러내신 이스라엘 백성에 대한 요구와 목적이 그들이 섬기고 기대하는 하나님과 서로 어긋난다는 점입니다.

원래 하나님이 이스라엘 백성을 애굽에서 구원해 내신 데에는 다음과 같은 유일한 목적이 있었습니다. 출애굽기 6장 2절부터 봅니다.

하나님이 모세에게 말씀하여 이르시되 나는 여호와이니라 내가 아브라함과 이삭과 야곱에게 전능의 하나님으로 나타났으나 나의 이름을 여호와로는 그들에게 알리지 아니하였고 가나안 땅 곧 그들이 거류하는 땅을 그들에게 주기로 그들과 언약하였더니 이제 애굽 사람이 종으로 삼은 이스라엘 자손의 신음 소리를 내가 듣고 나의 언약을 기억하노라 그러므로 이스라엘 자손에게 말하기를 나는 여호와라 내가 애굽 사람의 무거운 짐 밑에서 너희를 빼내며 그들의 노역에서 너희를 건지며 편 팔과 여러 큰 심판들로써 너희를 속량하여 너희를 내 백성으로 삼고 나는 너희의 하나님이 되리니 나는 애굽 사람의 무거운 짐 밑에서 너희를 빼낸 너희의 하나님 여호와인 줄 너희가 알지라 (출 6:2-7)

하나님이 이스라엘 백성을 애굽에서 구원하신 이유는 하나님이 저들의 하나님이 되시며, 저들을 당신의 백성으로 삼기 위해서입니다. 하나님이 그들의 주인이 되시고, 그들로 하나님의 나라와 하나님의 통치 아래에서 살게 하기 위해서입니다. 정치적 차원이나 사회적 차원의 구원이 아니라 하나님이 누구신가 하는 문제와 가장 긴밀하게 연결되는 하나님의 거룩한 백성으로의 부름인 것입니다. 출애굽기 19장에 가면 지금 말씀드린 부분이 이렇게 강조되어 있는 것을 봅니다.

모세가 하나님 앞에 올라가니 여호와께서 산에서 그를 불러 말씀하시되 너는 이같이 야곱의 집에 말하고 이스라엘 자손들에게 말하라 내가 애굽 사람에게 어떻게 행하였음과 내가 어떻게 독수리 날개로 너희를 업어 내게로 인도하였음을 너희가 보았느니라 세계가 다 내게 속하였나니 너희가 내 말을 잘 듣고 내 언약을 지키면 너희는 모든 민족 중에서 내 소유가 되겠고 너희가 내게 대하여 제사장 나라가 되며 거룩한 백성이 되리라 너는 이 말을 이스라엘 자손에게 전할지니라 (출 19:3-6)

이스라엘은 제사장 나라가 되고 거룩한 백성이 될 것입니다. 이스라엘 백성을 꺼내어 약속의 땅에 보내는 것이 목적이지만 그전에 먼저 시내 산으로 그들을 부르십니다. 저들로 하여금 하나님이 어떤 분이시며, 그가 어떤 나라를 세우시며, 자기 백성에 대한 요구가 무엇인지를 보여 주는 것이 바로 시내 산에서 받은 율법입니다.

그러나 거기서 이스라엘은 실패합니다. 율법을 받는 자리에서 하나님의 거룩하심을 이해하지 못하는 이스라엘의 실제 수준과 현실이 그대로 드러나는데, 금송아지 사건이 대표적입니다. 이스라엘 역사 내내 이 사건은 반복해서 등장합니다. 결국 하나님이 누구신지를 그들이 알고 있는가 하는 문제입니다.

우리는 이 문제를 '하나님이 누구신지 잘 알아 하나님에게 순종하자. 이스라엘의 실패를 반복하지 말자'라는 교훈으로 생각하는데, 호세아서가 내린 대답은 그렇지 않습니다. 이 점이 흥미롭습니다. 이스라엘 역사 내내 가장 근본적인 문제는 저들이 하나님을 오해하며 하나님과 우상을 구별하지 못한 것인데, 하나님은 이 문제에 있어 "너희는 참으로 무지하고 미련하도다"라고 꾸짖을지언정, "그러니까 이제 너희는 정신을 차려라. 너희가 이것도 행하고 저것도 하라"라는 식으로 해결책을 제시하시지 않는다는 사실입니다.

　본문에서 보는 것같이 호세아 선지자를 통해 이스라엘 백성의 잘못을 지적하시면서도 이 문제를 해결하시는 이는 하나님 당신입니다. 본문으로 돌아가 하나님이 '내가'라는 말을 얼마나 많이 반복하시는가를 주의 깊게 보기 바랍니다. 16절부터 다시 보겠습니다.

여호와께서 이르시되 그 날에 네가 나를 내 남편이라 일컫고 다시는 내 바알이라 일컫지 아니하리라 내가 바알들의 이름을 그의 입에서 제거하여 다시는 그의 이름을 기억하여 부르는 일이 없게 하리라 그 날에는 내가 그들을 위하여 들짐승과 공중의 새와 땅의 곤충과 더불어 언약을 맺으며 또 이 땅에서 활과 칼을 꺾어 전쟁을 없이 하고 그들로 평안히 눕게 하리라 내가 네게 장가 들어 영원히 살되 공의와 정의와 은총과 긍휼히 여김으로 네게 장가 들며 진실함으로 네게 장가 들리니 네가 여호와를 알리라 여호와께서 이르시되 그 날에 내가 응답하리라 나는 하늘에 응답하고 하늘은 땅에 응답하고 땅은 곡식과 포도주와 기름에 응답하고 또 이것들은 이스르엘에 응답하리라 내가 나를 위하여 그를 이 땅에 심고 긍휼히 여김을 받지 못하였던 자를 긍휼히 여기며 내 백성 아니었던 자에게 향하여 이르기를 너는 내 백성이라 하리니 그들은 이르기를 주는 내 하나님이시라 하리라 하시니라 (호 2:16-23)

모든 약속과 선포마다 '내가'가 강조되어 있습니다. 얼핏 들으면 '하나님이 다 하신다'라는 뜻으로 이해할 수 있습니다. 물론 그렇습니다. 하나님이 다 하신다는 뜻이지만, 이는 책임과 방법에서 하나님이 다 하신다는 그런 식의 '내가'가 아닙니다.

여기서 '내가'는 바알과 다른 '나'를 증명하는 일을 '내가' 하여 '내가' 바알과 어떻게 다른지를 '내가' 알게 하겠다, '나를' 알게 하겠다, 하는 뜻입니다. 하나님은 어떤 수단과 방법을 동원해서라도 문제만 풀면 되는 하나님이 아닙니다. 바알과 하나님을 혼동하고 있는 이스라엘에게 "내가 네 남편이 되어 네 남편은 바알과 어떻게 다른가를 내가 보이겠다. 나를 보이겠다. 너를 향한 사랑과 정성과 의지와 거룩함과 신실함을 증명하여 너를 항복시키겠다"라는 의미의 '나'입니다. 이는 대단히 중요한 내용으로 기독교 신앙의 핵심인 하나님에 대한 지식입니다.

하나님은 누구십니까? 우리는 신약 백성으로서 하나님이 우리를 위하여 자기 아들을 주신 분이라는 엄청난 역사적 증거를 가지고 있습니다. 하나님이 예수 그리스도로 당신을 나타내시고 설명하신 신약 계시에 비추어 보면, 하나님은 이미 구약에서 장차 자기 아들을 보내어 우리를 구원하실 하나님으로 구약 백성에게 약속하시고 설명하시고 설득하시는 분으로 드러나 있는 것을 보게 됩니다. 예레미야 31장으로 가 봅시다.

여호와의 말씀이니라 보라 날이 이르리니 내가 이스라엘 집과 유다 집
에 새 언약을 맺으리라 이 언약은 내가 그들의 조상들의 손을 잡고 애
굽 땅에서 인도하여 내던 날에 맺은 것과 같지 아니할 것은 내가 그들
의 남편이 되었어도 그들이 내 언약을 깨뜨렸음이라 여호와의 말씀이
니라 그러나 그 날 후에 내가 이스라엘 집과 맺을 언약은 이러하니 곧
내가 나의 법을 그들의 속에 두며 그들의 마음에 기록하여 나는 그들의
하나님이 되고 그들은 내 백성이 될 것이라 여호와의 말씀이니라 그들
이 다시는 각기 이웃과 형제를 가리켜 이르기를 너는 여호와를 알라 하
지 아니하리니 이는 작은 자로부터 큰 자까지 다 나를 알기 때문이라
내가 그들의 악행을 사하고 다시는 그 죄를 기억하지 아니하리라 여호
와의 말씀이니라 (렘 31:31-34)

예레미야의 이 본문은 구약에서 새 언약을 가장 구체적으로
약속한 말씀입니다. 하나님이 율법과는 다른 약속을 주십니
다. 율법으로는 할 수 없었던, 우리 영혼과 인격과 심성을 고
치는 하나님의 구원을 약속하십니다. 구체적으로는 예수 그
리스도 안에서 성취되는 십자가와 예수 그리스도의 피 흘리
심으로 말미암은 구원과 회복, 부활 생명을 지시합니다.

    그러나 본문에 나온 '내가 네 남편이 되리라. 모두로 하여
금 내가 누구인지 알게 하리라'라는 말씀은 구약에서 반복되
는 내용으로서 하나님의 약속의 실현을 의미합니다. 어떤 약
속의 실현입니까? 하나님의 하나님 되심과 우리를 사랑하시
는 일을 법으로 선포하시고 공증하시고 증인을 불러 심판하

시는 수준의 정도를 넘어 우리의 모든 생각과 감정의 가장 깊은 데까지 우리를 설득하고 항복시키기 위하여 찾아오시고 들어오시고 씨름하셔서 기어코 이루어 내실 약속의 실현을 의미합니다. 그리고 이 모든 약속을 하나님이 친히 실현하겠다고 말씀하십니다.

예수를 믿는 데에 간증이 중요하다는 말씀을 전에 드린 적이 있습니다. 비록 내가 이와 똑같은 경험을 하지 않았더라도 다른 사람의 간증을 들으면 하나님이 여전히 일하고 계시다는 사실을 새삼 확인할 수 있기 때문입니다.

우리는 자기가 이해하고 납득한 것만 갖고서 하나님의 일 하심을 확인하는 경향이 있습니다. 그러나 하나님은 내가 요구했던 어떤 증거나 어느 한 가지 사건으로만 나에게 확인을 주시는 것은 아닙니다. 우리는 간증을 통해 하나님의 뜻을 깨닫게 됩니다. 여러 정황과 현실의 모든 도전과 갈등과 고통 속에서 이해가 안 되고 답이 없어 보이는 우리의 인생길이 내던져진 인생은 아니라는 사실을 말입니다. 오히려 우리가 꼭 알아야 하고 확인해야 할 일을 위하여 하나님이 우리를 어떤 문제 앞에 세워 두셔서 우리로 끊임없이 두드리고 생각을 중단할 수 없게 하여 간단한 답으로 넘어가지 않도록 하셨다는 사실을 또한 발견하게 됩니다. 결국 하나님을 만나 하나님만이 답이라고 항복하는 길에 우리가 붙잡혀 있었다는 섭리를 이해하게 됩니다.

그래도 아직 더 남아 있습니다. 한두 번 감격하고 확인하고 '아멘' 했다고 해서 그다음부터 형통해지지 않습니다. 지나온 것은 지나온 것이고 그것만으로는 답이 되지 않는 현실이 우리 앞에 계속 있습니다.

왜냐하면 하나님은 우리가 한 번 알고 항복하기에 너무나 크신 분이기 때문입니다. 항복하고 알았는데 더 있고 더 있고 더 있습니다. 그래서 끊임없이 우리 인생이 고달픕니다. 결코 쉬운 것으로 때우게 하시지 않습니다. 하나님은 그 정도가 아니십니다. 그것이 여기서 말하는 '내가'라는 단어가 가진 권위입니다. 그리하여 예수를 믿고 나서 보면 우리가 당하는 어떤 현실이나 경우도 '하나님의 통치와 예수 그리스도 안에서'라는 조건과 범위를 벗어나 있는 것은 없다는 사실을 알게 됩니다. 문제는 고통스럽다는 것입니다. 그래서 하나님 앞에 "저도 이제 더 이상 그렇게 안 살 테니 이쯤해서 타협하시죠"라고 하지만, 하나님은 타협하시지 않습니다. 이것이 "나는 바알과 다르다"라는 말씀의 의미입니다. 바알이 네 남편이 아니고 나 여호와가 네 남편인 줄 알게 하기까지 나는 너를 놓지 않겠다는 것입니다. 우리의 항복을 받아 내는 것으로 끝이 아니라 이렇게 놀라운 분이셨는가를 다 보여 주시기까지 놓아두시지 않겠다는 것입니다. 그러므로 신자의 인생에는 어느 선에서 타협하고 그다음에 회개했더니 다시는 죄 짓지 않고 행복하고 오래오래 살았다는 이야기가 없습니다.

하나님의 무한하심과 거룩하심, 그리고 이 신실한 고집

이 타협을 허락하지 않으십니다. 이사야 42장에는 참으로 놀라운 선언이 나오는데 우리는 이 말씀을 자주 놓칩니다. 예전에도 인용했던 구절인데, 이 무시무시한 말씀을 다시 읽어 봅시다.

나는 여호와이니 이는 내 이름이라 나는 내 영광을 다른 자에게, 내 찬송을 우상에게 주지 아니하리라 (사 42:8)

하나님이 어떤 분이신지 이해됩니까? 그러면 어떻게 할 것입니까? 호세아를 설교하면서 제가 뜻밖에 이런 주제를 내걸었습니다. '무시무시한 하나님', 감사하고 놀랍게도 무시무시한 하나님이십니다. 이사야 43장에 이처럼 무시무시한 말씀이 또 있습니다.

야곱아 너를 창조하신 여호와께서 지금 말씀하시느니라 이스라엘아 너를 지으신 이가 말씀하시느니라 너는 두려워하지 말라 내가 너를 구속하였고 내가 너를 지명하여 불렀나니 너는 내 것이라 네가 물 가운데로 지날 때에 내가 함께 할 것이라 강을 건널 때에 물이 너를 침몰하지 못할 것이며 네가 불 가운데로 지날 때에 타지도 아니할 것이요 불꽃이 너를 사르지도 못하리니 대저 나는 여호와 네 하나님이요 이스라엘의 거룩한 이요 네 구원자임이라 내가 애굽을 너의 속량물로, 구스와 스바를 너를 대신하여 주었노라 (사 43:1-3)

하나님이 보호하셔서 어떤 것도 우리를 상하게 하지 못할 것입니다. 그러나 우리는 물 가운데로 지나야 하고 강을 건너야 하고 불 가운데로 지나가야 합니다. 이처럼 고통 자체가 없어지지는 않습니다. 하지만 이런 일들이 우리를 상하게 하지 못합니다. 고통이 우리의 유익을 만들어 내고 우리의 거룩함을 완성할 것입니다. 이런 것 없이 구름 위에 앉아서 가는 신앙은 없습니다. 그것은 손오공만 하는 것이지 우리 는 그렇게 못합니다. 하나님이 그렇게 놔두시지 않기 때문입니다. 이어지는 말씀을 보겠습니다.

네가 내 눈에 보배롭고 존귀하며 내가 너를 사랑하였은즉 내가 네 대신 사람들을 내어 주며 백성들이 네 생명을 대신하리니 두려워하지 말라 내가 너와 함께 하여 네 자손을 동쪽에서부터 오게 하며 서쪽에서부터 너를 모을 것이며 내가 북쪽에게 이르기를 내놓으라 남쪽에게 이르기를 가두어 두지 말라 내 아들들을 먼 곳에서 이끌며 내 딸들을 땅 끝에서 오게 하며 내 이름으로 불려지는 모든 자 곧 내가 내 영광을 위하여 창조한 자를 오게 하라 그를 내가 지었고 그를 내가 만들었느니라 (사 43:4-7)

하나님이 당신의 백성을 백성답게 하시며 하나님의 통치와 복 주심의 진정한 수혜자로 만들기 위하여 또한 이들로 하나님이 누구신지 알게 하기 위하여 세계와 역사를 움직이고 있다는 것입니다. 우리 마음에는 들지 않은 역사요, 사양하고 싶은 현실이지만 하나님은 그렇지 않다고 하십니다.

우리는 끊임없이 바알을 만듭니다. 그러나 하나님은 이런 우리와 타협하지 않으신다고 합니다. 여기에 싸움이 있습니다. 나는 바알과 다르다, 나는 내 영광을 우상에게 내어 줄 수 없다, 나는 쉬운 하나님이 아니다, 나는 수단에 불과한 존재가 아니다, 기어코 이 일을 너희에게 알게 하여 너희의 감격과 사랑을 받아 내겠다, 이렇게 말씀하시는 하나님이십니다. 우리의 현실이 고단한 이유입니다. 이를 귀히 여기십시오.

하나님은 우상이 아닙니다. 창조자이시요 심판자이시며 우리를 사랑하사 그 아들을 주신 분입니다. 이런 하나님이 우리의 삶과 형편을 지키고 계신다는 사실을 알아야 합니다. 무엇이 만들어지는지 보십시오. 형통이란 다만 고통이 없고 고민할 필요가 없는 현실이라고 생각한다면 우리는 아직 하나님을 모르는 것입니다.

호세아 4장을 보면, '내 백성이 지식이 없으므로 망하는도다. 나는 너희가 나 여호와를 알기 원한다'라는 하나님의 마음이 계속 나타납니다. 우리의 신앙도 이 말씀에 비추어 보아야 합니다. 우리가 믿는 하나님이 어느 틈엔가 우리 입맛에 맞는 하나님으로 바뀌어 있지는 않은지 점검해 보시고, 우리 삶의 고통과 불만이 어디서 출발하는지 확인하기 바랍니다. 잊지 마십시오. 무시무시한 하나님이라는 사실을.

기도

하나님 아버지, 하나님의 사랑을 알고 믿으며 하나님이 우리 하나님이시라는 사실에 감사하며 살지만, 어느 날 우리 마음은 무너져 내리곤 합니다. 우리는 고통에 민감하고 의와 거룩함에 대하여는 무지합니다. 우리의 연약함과 미련함을 불쌍히 여기시고, 자기 아들을 주신 하나님의 사랑이 무엇인지 알게 하옵소서. 그리하여 참된 하나님을 아는 지식으로 이끌어 주셔서 우리의 현실 속에 함께하옵소서. 능력과 지혜로 지키시는 하나님을 보게 하사 하나님의 백성 된 기쁨을 회복하여 신자의 인생을 사는 기쁨과 기적을 누리는 자 되게 붙들어 주시옵소서. 충성과 인내를 가지게 하여 주시옵소서. 예수님 이름으로 기도합니다. 아멘.

5
나의 사랑은 계속된다

¹여호와께서 내게 이르시되 이스라엘 자손이 다른 신을 섬기고 건포도 과자를 즐길지라도 여호와가 그들을 사랑하나니 너는 또 가서 타인의 사랑을 받아 음녀가 된 그 여자를 사랑하라 하시기로 ²내가 은 열다섯 개와 보리 한 호멜 반으로 나를 위하여 그를 사고 ³그에게 이르기를 너는 많은 날 동안 나와 함께 지내고 음행하지 말며 다른 남자를 따르지 말라 나도 네게 그리하리라 하였노라 ⁴이스라엘 자손들이 많은 날 동안 왕도 없고 지도자도 없고 제사도 없고 주상도 없고 에봇도 없고 드라빔도 없이 지내다가 ⁵그 후에 이스라엘 자손이 돌아와서 그들의 하나님 여호와와 그들의 왕 다윗을 찾고 마지막 날에는 여호와를 경외하므로 여호와와 그의 은총으로 나아가리라 (호 3:1-5)

본문에서 하나님은 호세아 선지자에게 아내의 자리를 버리고 떠나 음녀가 된 그 여인을 다시 데려와서 사랑하라고 하십니다. 호세아는 은 열다섯 개와 보리 한 호멜 반으로 그 여인을 사서 다시 데리고 옵니다. 특히 4절과 5절에서는 이스라엘 전체의 신앙 현실과 앞으로 있을 하나님의 구원을 위한 여러 인도하심에 대해 '많은 날 동안'의 환난과 회복으로 설명합니다.

4절 말씀의 '제사'는 이스라엘 백성이 하나님을 섬기는 제사를 일컫는 것이고, '주상'은 기둥 모양의 큰 돌을 말합니다. 글을 써넣기도 하고 그냥 돌기둥을 세우기도 하는데, 흔히 추모를 위한 비석의 용도로 쓰이지만, 경계나 조약을 확인하는 법적 의미를 지닌 주상도 있습니다. 아무튼 기념적이

거나 제의적입니다. 기념적이라 함은 승전 기록 같은 것을 써서 세워 놓기도 하는 그런 것을 말하는데, 본문에서는 바알 신을 섬기는 문제와 연결된 우상숭배의 모습을 상징합니다. '에봇'은 제사장이 하나님의 뜻을 구할 때에 입었던 옷이고, '드라빔'은 가정용 우상으로 조그마한 크기의 조각입니다.

'왕도 없고 지도자도 없고 제사도 없고 주상도 없고 에봇도 없고 드라빔도 없'다는 4절 말씀은 이스라엘이 주권을 빼앗겨 남의 지배를 받는 정도가 아니라 국가의 전체 체계가 해체되는 상황임을 알려 줍니다. 우리가 잘 아는 바벨론 포로 사건과 같이 나라가 분해되는 일이 이후에 벌어집니다. 당시 이스라엘 백성이 행한 하나님과 우상을 혼합하여 섬기는 종교적 타락도 다 없어질 것입니다. 그들이 가진 혼합 종교와 우상숭배도 어떤 의미에서는 하나님이 저들에게 은혜를 베푸셔서 정치 경제나 사회가 안정되어 생긴 부패라고 볼 수 있으므로, 하나님이 그들을 정치적으로나 사회적으로 남의 지배를 받는 어려운 환경에 몰아가시면 그들은 부패할 것이 없고 썩어질 물건이 없는 그런 상황에 놓이게 될 것입니다. 이처럼 그들이 황폐되고 억압받고 고통 당할 것임을 언급하고 있습니다. 그리하여 5절에서는 그 후, 즉 그런 하나님의 심판이나 형벌 이후, 이스라엘이 겪어야 하는 인고의 세월이 지난 후에야 이스라엘 자손이 돌아올 것이라고 이야기합니다.

본문에서 확인하고자 하는 것은 이것입니다. 호세아가 자기를 버리고 떠난, 지금은 다른 남자와 살고 있는 자기 아내를 다시 찾아와서 사랑한 것은 호세아의 이해나 결정으로 한 것이 아니라 하나님이 그렇게 하라고 해서 이루어진 일이라는 점입니다. 1절의 '여호와께서 내게 이르시되'라는 말씀에서 이 점이 잘 드러나 있습니다. 인간의 의지나 결단에 따라 역사가 진행되는 것이 아니라 하나님이 주체가 되어 사람으로 하여금 하게 하시는 것입니다. 이처럼 기독교는 하나님을 향한 우리의 열정이나 헌신 위에 성립하는 것이 아닙니다. 하나님의 하나님 되심이 기독교 신앙을 성립시킵니다. 우리를 당신의 형상으로 지으신 하나님, 예수를 보내신 하나님, 우리를 사랑하시는 하나님, 그리고 이 사랑을 거룩으로 완성하실 하나님이 그의 신실하심과 의로우심에 근거하여 이 일이 이루어질 수밖에 없음을 보증하십니다.

이스라엘 백성이 하나님 앞에 범죄하자 하나님은 그들을 풀무 불에 던지듯이 포로 된 정치와 사회의 현실을 허락하실 것입니다. 나라는 해체되고 백성은 남의 나라의 포로가 되는 지경까지 내몰릴 것입니다. 이는 하나님이 그들을 사랑하시기 때문입니다.

3절에 보듯이, 호세아는 자기 아내를 다시 데려와서 '너는 많은 날 동안 나와 함께 지내고 음행하지 말며 다른 남자를 따르지 말라 나도 네게 그리하리라'라고 말합니다. 이 말씀은 이스라엘을 회복시키는 데에 많은 시간과 노력이 들고, 그들은 원하지 않지만 항복하지 않을 수 없게 하시는 하나님의 고집스러운 간섭이 있을 것을 의미합니다. 이스라엘 역사가 이것을 증명하고 모든 신자는 이런 하나님의 인도하심을 현실에서 경험합니다. 그러나 자주 놓칩니다. 우리는 하나님의 전능하심과 사랑이라는 두 주제로 기독교 신앙의 모든 문제를 다 쓸어 담으려고 하기 때문입니다.

그리하여 우리는 기독교 신앙이 극적(劇的)이기를 기대합니다. 물론 우리가 준비되지 않았으나 소원하고, 우리에게 조건이 없지만 기대한 결과를 받는다는 면에서 기독교 신앙은 극적입니다. 그러나 우리는 자꾸 하나님의 능력과 사랑을 수단으로 삼아 우리가 만들어 낼 수 없는 결과나 소원이 '시간을 뛰어넘어 이루어진다'라는 의미에서 극적이려고 합니다. 시간을 뛰어넘는다는 것은 우리가 소원하여 신앙을 제시하기만 하면 그 결과가 바로 이루어지는 기계적 방법을 의미합니다.

우리가 간절히 기대하며 기도하는 것은 어쩌면 시간을 단축하는 데에 가장 큰 욕심이 있는지 모릅니다. 간절히 기도해도 응답받지 못하고 우리의 소원이 즉시 해결되지 못할 때, 우리는 하나님과의 관계와 신앙 자체가 흔들립니다. 하나님이 누구시며 그분이 어떻게 일하시는가에 대한 성경적 이해보다는 신앙이라는 이름으로, 마술같이, 즉각적으로 우리의 기도가 이루어져야 한다는 생각이 극적인 신앙으로 가게 합니다.

본문은 전부 이런 내용입니다. 하나님이 이 일을 하실 것이지만 이 일은 시간이 걸릴 것입니다. 하나님은 시간을 가지고 일하시기 때문입니다. 다시 찾아온 아내를 돌이키시며 부부 사이를 회복시키는 이 일에 하나님이 많은 시간을 각오하고 계십니다. 또한 이 일은 많은 공을 들여야 하는 일입니다. 4절과 5절에도 나와 있듯이, 이런 사실은 이스라엘 자손들이 많은 날 동안 어려움을 겪어야 하며 그 후에야 돌아올 것이라는 약속에서 잘 알 수 있습니다.

시간이 걸린다는 것은 무슨 뜻입니까? 이는 하나님이 즉시 할 수 있는 일인데도 지체하시거나 우리의 결정과 태도를 봐 가며 반응하신다는 뜻이 아니라, 하나님이 우리를 사랑하사 당신의 일을 신적 넓이와 깊이를 가지고 우리에게 차근차근 쌓아서 넘치게 하신다는 뜻입니다. 마치 부부가 그런 것처럼 말입니다. 부부란 동격이며, 합의해야 하며 존중하고 노력하며 서로의 다름을 인정하고 그 차이를 좁히기 위해서 많은 시간이 필요한 관계입니다. 여기서 많은 시간이란, 기간만을 의미하는 것이 아니라 현실이라는 많은 경우를 접하여 서로의 다름을 확인하고 그 다름을 함께 녹이기 위한 여러 과정을 뜻합니다. 이런 과정을 밟을 수밖에 없으며, 이런 경우들을 통해서만 그 간격은 메워진다는 것을 의미합니다.

우리는 사실 이런 하나님보다 우리가 이해하려고 노력하지 않아도 좋을 하나님을 더 원합니다. 굳이 노력하고 확인하지 않아도 좋으니 빨리 고통이 해결되는 현실을 달라는 것에 더 집중합니다. 여기에 성경이 말하는 하나님의 일하심과 신자들이 자칫 놓치기 쉬운 기독교의 가장 중요한 본질이 있습니다. 출애굽기 3장에 가면 하나님이 이스라엘 백성을 구해 내기 위하여 모세를 세우시는 장면이 나옵니다.

모세가 그의 장인 미디안 제사장 이드로의 양 떼를 치더니 그 떼를 광야 서쪽으로 인도하여 하나님의 산 호렙에 이르매 여호와의 사자가 떨기나무 가운데로부터 나오는 불꽃 안에서 그에게 나타나시니라 그가 보니 떨기나무에 불이 붙었으나 그 떨기나무가 사라지지 아니하는지라 이에 모세가 이르되 내가 돌이켜 가서 이 큰 광경을 보리라 떨기나무가 어찌하여 타지 아니하는고 하니 그 때에 여호와께서 그가 보려고 돌이켜 오는 것을 보신지라 하나님이 떨기나무 가운데서 그를 불러 이르시되 모세야 모세야 하시매 그가 이르되 내가 여기 있나이다 하나님이 이르시되 이리로 가까이 오지 말라 네가 선 곳은 거룩한 땅이니 네 발에서 신을 벗으라 또 이르시되 나는 네 조상의 하나님이니 아브라함의 하나님, 이삭의 하나님, 야곱의 하나님이니라 모세가 하나님 뵈옵기를 두려워하여 얼굴을 가리매 여호와께서 이르시되 내가 애굽에 있는 내 백성의 고통을 분명히 보고 그들이 그들의 감독자로 말미암아 부르짖음을 듣고 그 근심을 알고 내가 내려가서 그들을 애굽인의 손에서 건져내고 그들을 그 땅에서 인도하여 아름답고 광대한 땅, 젖과 꿀이 흐르는 땅 곧 가나안 족속, 헷 족속, 아모리 족속, 브리스 족속, 히위 족속, 여부스 족속의 지방에 데려가려 하노라 (출 3:1-8)

모세를 부르시는 장면을 보면 하나님이 이스라엘 백성의 신음과 부르짖음에 응답하시는 내용이 골자인데, 이 부르짖음과 기도에 응답하시는 데에 걸리는 시간이 무려 430년입니다. 요셉이 먼저 총리가 되고, 야곱을 필두로 한 그의 가족 70인이 모두 애굽에 내려가 산 지 430년, 즉 이스라엘 백성이 애굽의 노예로 산 지 400여 년이나 되어서야 하나님이 그 기도에 응답하시고 그들을 구원하러 오십니다. 400년이면 꽤 긴 시간입니다. 출애굽할 때에 열 가지 재앙을 내리고 홍해를 가르고 만나를 먹이는 이런 기적만 있었던 것이 아니라 400년 동안의 노예 생활이 있었다는 것을 기억해야 합니다.

우리가 생각하는 '극적인 신앙'이란, 시간을 단축하고 결과를 확보하여 자기 소원을 이루려는 생각이라고 여러 번 지적했습니다. 요셉의 경우를 보십시오. 그는 종으로 팔려 무고로 옥살이를 하고 30세에 총리가 됩니다. 중간에 정확한 나이가 나오지는 않지만, 요셉이 17세에 꿈을 꾸고 30세에 총리가 되니까 12년에서 13년, 곧 10년 이상의 시간 동안 그가 얻은 결과와 연결이 안 되는 길로 간 것을 볼 수 있습니다. 종살이와 옥살이, 둘 다 고통스러운 현실이고 긴 기간입니다. 그런데 나중에 그는 총리가 되어 인생이 극적으로 반전됩니다. 여기서 극적이라 함은, 그가 걸은 길에서 얻은 결과가 자기가 한 일의 연장선에 있지 않다는 의미에서 극적인 것이지, 시간이 단축된다는 의미에서 극적인 것이 아닙니다.

요셉이 나중에 총리가 되었을 때에 그는 이미 총리로서의 능력을 갖춘 자였습니다. 시편 105편에 나온 대로, 그는 지혜롭고 유능하며 총리다운 실력을 가지고 그 자리에 앉게 되는데 이 실력은 다 종살이와 옥살이에서 배운 셈입니다.

기독교 신앙은 극적입니다. 어떤 의미에서 그렇습니까? 극적인 반전이 있다는 의미에서 그렇습니다. 하나님께서 우리가 기대하지도 준비하지도 않은 일에 대한 반전을 위해, 그리고 우리가 하는 일의 연장선에 있는 어떤 자리나 결과보다 더 큰 곳으로 올리기 위해서 우리를 훈련하여 준비하게 하신다는 면에서, 또한 우리의 기대와 능력과 노력보다 더 큰 결과로 인도하시는 차원에서 기독교 신앙은 극적입니다. 그 결과가 늘 극적입니다.

그러나 기독교 신앙이 극적이라고 해서, 우리가 아무것도 하지 않게 하나님이 놓아두신다는 뜻은 아닙니다. 우리는 이해할 수 없고 해결할 수 없는 고통스러운 하루하루를 보내야 할지도 모릅니다. 본문을 보십시오. 호세아 본인은 전혀 그럴 마음이 없는 일에 부름을 받습니다. 그는 원치 않는 여인과 결혼하여 괴로운 인생을 살아야 했습니다. 자기를 버리고 도망가서 다른 남자와 사는 그 여인을 다시 데려와야 했던 것입니다. 바로 하나님의 마음입니다. 이는 하나님이 우리에게 알게 하고, 가르치고 싶어 하는 그것으로 인하여 만들어지는 어떤 길로 우리를 부르고 있다는 뜻입니다.

신앙 현실은 괴롭습니다. 우리의 하루하루는 답이 없는 일들로 반복될 수 있습니다. 하나님이 왜 그 일을 요구하시는지 우리에게는 답이 없고, 그 일을 어떻게 해결하고 뒤집어야 하는지 모르는 일들을 반복해야 할 수 있습니다. 그것이 호세아의 길이고 하나님의 종의 길입니다. 이 길을 걸어 예수님이 오시는 것입니다. 우리가 원하지 않고 선택하지 않고 해결할 수 없는 오늘을 살라고 하십니다. 거기서 무엇을 배우는 것일까요? 호세아 본문으로 표현하면, 하나님의 마음을 배우는 것입니다. 답이 없는 사랑을 하시는 하나님을 배우는 것입니다. 그 답이 없는 상대를 사랑하여 그 사랑을 다만 답이 없는 데로 끝내지 않기로 작정하시는 무시무시한 하나님을 배우는 것입니다. 호세아서에서 하나님이 왜 '무시무시한 하나님'이 되었는지는 잘 모르겠지만, 하나님은 우리에게 이 하나님을 알라고 하십니다.

답이 없는 현실 속에서 하나님의 사랑을 배우십시오. 우리가 원하지 않고 끌어안을 수 없고 진저리 치는 현실을 하나님의 사랑으로 껴안는 연습을 하십시오. 매일 울고 매일 분통을 터트릴 때마다 하나님이 그러신 것을 기억하십시오. 자기 아들을 보내어 그를 십자가에 못 박아야 하는 아버지의 분노와 그 분노를 넘어서는 사랑을 기억하십시오. 그리고 생각하십시오. 우리의 오늘이 하나님의 무시무시한 사랑인 줄 알고 감내하십시오. 하나님이 분노하시는 일에 참여하십시오. 분노로만 끝나지 않는 하나님의 분노가 사랑으로 결과하기까지 그 분노를 분노로 만족하시지 않는 하나님의 거룩하심에 참여하시고, 그 마음을 우리에게 확인시키시고 채우시는 하나님을 만나십시오. 그것이 기독교 신앙입니다.

우리는 예수님이 우리를 위하여 십자가에서 죽으셨다고 뻔뻔스럽게들 자랑합니다. 하나님이 우리를 사랑했다는 것입니다. 그러나 하나님이 어떤 분노와 저주를 퍼부어 우리를 사랑했는지 모릅니다. 그 아들을 보내어 그로 어떤 인생을 살게 하셨는지 우리는 다 이해하지 못합니다. 우리가 지긋지긋해하고 진저리 치는 현실을, 하나님이 걸으시고 싸매어 포기하지 않으사 기어코 이루시고야 만 사랑으로 이해하지 않는다면, 예수님이 우리를 위하여 십자가를 지셨다는 말을 가장 중요한 데서 놓치고 있는 것입니다.

현실을 살면서 다만 어떤 고통이나 문제를 해결하는 것이 신앙을 동원해야 할 유일한 일인 것처럼 생각하지 마십시오. 자녀들이 말 잘 듣고 아프지 않고 남에게 아쉬운 소리 안 하는 그런 정도로요? 아니요, 하나님은 우리에게 아쉬운 말씀도 하십니다. '하늘이여 들으라 땅이여 귀를 기울이라' 하나님이 너무 화가 나서 들판을 헤매시는 것 같이 절규하신 것을 떠올려 보십시오. 하나님이 누구신가, 우리에게 요구하는 신앙이 무엇인가에 대하여 우리는 너무 피상적으로만 이해하려 합니다.

우리의 현실을 하나님과 놓고 볼 때 현실이 하나님보다 늘 큽니다. 그래서 우리는 하나님의 하나님 되심과 그분의 응답과 인도와 주권에 대해서 늘 불만입니다. 우리의 현실이 지닌 의미를, 하나님이 우리에게 우리의 하나님이 되시기 위하여 오늘의 현실을 요구하신다는 사실을 우리는 깜빡합니다. 신앙이라는 이름으로 현실에서 도피하지 마십시오. 손잡고 기도만 하는 것이 신앙은 아닙니다.

우리 모두에게 주어진 삶과 도망갈 수 없고 헤어날 수 없고 묶인 것 같은 우리의 현실이 하나님이 겪으시는 사랑의 안타까움이요, 우리를 항복시키고 알게 하시고 거룩하게 하시기 위한 하나님의 포기하지 않는 사랑의 인도요, 과정이라는 것을 기억해야 합니다. 이런 이해가 없다면, 우리는 모두 하나님에게 주문을 거는 사람에 불과할 것입니다. 하나님의 인도하심으로 오늘을 이해하지 못하면, 우리는 하나님을 자기 고통이나 이해관계를 해결해 주는 분으로밖에는 모실 수가 없습니다.

예수를 보내신 하나님을 믿는 우리의 신앙고백이 하나님의 위대하심과 거룩하심에 동등한 내용과 사랑으로 응답되고 채워지기까지 하나님은 쉬지 않으실 것입니다. 그러니 이 길에서 도망갈 수 없다는 것을 기억하여 하나님의 사랑에 답하고 신앙으로 제대로 반응하리라, 하며 작정하고 기도하십시오. 그러면 이것이 우리의 고통스럽고 해결할 수 없는 현실적 문제의 유일하고 충분한 답이라는 것을 깨닫게 될 것입니다. 우리의 인생은 성육신의 길이 되며 하나님을 모시고 사는 자의 인생이 되며 하나님이 누구신가를 나타내는 자랑스러운 삶이 될 것입니다. 이 기적의 인생, 이 능력의 인생, 이 감사한 신앙의 길을 걷는 인생이기를 바랍니다.

기도

하나님 아버지, 은혜를 감사합니다. 하나님! 우리로 하나님을 알게 하옵소서. 예수님이 누구시며, 그를 왜 보내셨는지, 그를 왜 십자가에 못 박으셨는지, 그것이 왜 사랑인지를 우리로 알게 하옵소서. 우리가 예수를 믿어 구원 얻었다는 것이 무슨 뜻인지, 하나님의 구원이 어떻게 사랑과 거룩과 분노와 벌하심과 안타까우심으로 찾아오는지 깨닫게 하옵소서. 우리의 현실이 쉬지 않고 외면하지 않고 포기하지 않는 하나님의 간섭인 것을 알게 하옵소서. 하나님의 하나님 되심을 붙잡고 오늘을 이기며 사는 우리가 되게 하사 예수를 보내신 하나님 아버지를 모시는 자의 마땅한 자랑과 증거가 있는 인생 되게 하옵소서. 예수님 이름으로 기도합니다. 아멘.

6. 하나님 쩔쩔매시다

¹이스라엘 자손들아 여호와의 말씀을 들으라 여호와께서 이 땅 주민과 논쟁하시나니 이 땅에는 진실도 없고 인애도 없고 하나님을 아는 지식도 없고 ²오직 저주와 속임과 살인과 도둑질과 간음뿐이요 포악하여 피가 피를 뒤이음이라 ³그러므로 이 땅이 슬퍼하며 거기 사는 자와 들짐승과 공중에 나는 새가 다 쇠잔할 것이요 바다의 고기도 없어지리라 ⁴그러나 어떤 사람이든지 다투지도 말며 책망하지도 말라 네 백성들이 제사장과 다투는 자처럼 되었음이니라 ⁵너는 낮에 넘어지겠고 너와 함께 있는 선지자는 밤에 넘어지리라 내가 네 어머니를 멸하리라 ⁶내 백성이 지식이 없으므로 망하는도다 네가 지식을 버렸으니 나도 너를 버려 내 제사장이 되지 못하게 할 것이요 네가 네 하나님의 율법을 잊었으니 나도 네 자녀들을 잊어버리리라 ⁷그들은 번성할수록 내게 범죄하니 내가 그들의 영화를 변하여 욕이 되게 하리라 ⁸그들이 내 백성의 속죄제물을 먹고 그 마음을 그들의 죄악에 두는도다 ⁹장차는 백성이나 제사장이나 동일함이라 내가 그들의 행실대로 벌하며 그들의 행위대로 갚으리라 ¹⁰그들이 먹어도 배부르지 아니하며 음행하여도 수효가 늘지 못하니 이는 여호와를 버리고 따르지 아니하였음이니라 (호 4:1-10)

본문은 이스라엘 백성이 하나님을 거역하고 하나님의 백성답게 살지 못하는 것에 대한 책망과 벌을 경고하는 내용입니다. 그런데 본문은 우리가 보통 생각하는 윤리 도덕적 문제나 종교적 문제보다 내용이 더 깊습니다. 하나님이 이스라엘 백성에게 '이 땅에는 진실도 없고 인애도 없고 하나님을 아는 지식도 없'다고 꾸짖으시는 1절 말씀에 이러한 깊은 내용이 잘 드러나 있습니다. 물론 2절을 보면 "오직 저주와 속임과 살인과 도둑질과 간음뿐이요 포악하여 피가 피를 뒤이음이라"라고 해서 이스라엘 백성이 하나님의 거룩하심을 받들어 순종하지 못하는 점을 지적하신 것이 분명하지만, 자칫하면 도덕적 비교에 그칠 수 있다는 사실을 주의해야 합니다.

하나님의 거룩하심이 도덕적 차원에만 국한된다고 제한

해서는 안 됩니다. 물론 도덕성이 있습니다. 하지만 도덕적이고 윤리적인 면은 하나님의 거룩하심의 극히 일부인데, 이것으로 하나님을 다 담아냈다고 생각하면 안 됩니다. 그렇게 되면 이스라엘 백성의 실패를 너무 쉽게 판단하는 것입니다. 이스라엘 백성은 왜 그랬을까, 하나님이 복을 주셨는데 왜 도적질하고 강도질했을까, 하며 간단히 치부해 버릴 수 있겠지만 성경의 기록과 이스라엘 역사에 나타난 선지자들의 경고와 결과를 보면 하나님을 섬기는 것은 간단하지 않다는 것을 배우게 됩니다. 하나님은 우리가 윤리나 도덕의 차원에서만 옳게 되는 것을 원하시지 않습니다. 또한 우리를 종교적 차원에서 만족스러워하시는 것이 아닙니다. 호세아 6장에 가면 이런 말씀이 나옵니다.

나는 인애를 원하고 제사를 원하지 아니하며 번제보다 하나님을 아는 것을 원하노라 (호 6:6)

하나님은 우리가 하나님에게 해야 할 일만 해 드리면 그것으로 만족하시는 분이 아닙니다. 이스라엘 백성이 하나님 앞에 꾸중을 받는 가장 큰 이유는 하나님이 그들을 당신의 거룩함으로 부르시므로 '이만큼이면 충분하다' 하는 정도로 하나님이 만족하시지 않는다는 데에 있습니다.

신약시대에 사는 우리도 이런 불만을 한 번쯤은 품어 보셨을 것입니다. 하나님, 제가 할 것 다 했는데 왜 복을 안 주십니까? 왜 기도에 응답해 주시지 않습니까? 하나님, 나보고 무엇을 더 어떻게 하라고 그러십니까? 이 마지막 질문은 대표적으로 욥이 제기했던 물음입니다. 하나님, 도대체 내가 벌받을 짓을 한 것이 있습니까? 왜 현실이 이래야만 합니까? 이런 질문이 이미 구약에서 등장했음을 봅니다. 이처럼 기독교는 '하나님이 우리에게 무엇을 원하시는가' 하는 질문과 같이 훨씬 깊고 놀라운 것을 요구합니다. 그러므로 호세아 4장 1절에서는 '이 땅에는 진실도 없고 인애도 없'다고 하나님이 꾸짖는 것입니다.

　진실이란 의롭고 성실한 것을 말합니다. 의롭고 성실하다는 것은 의로움이 전부가 아니며, 의로운 자는 열심 있게 의로워야 한다는 뜻입니다. '열심 있게 의로운 것'이란 무슨 뜻일까요? 우리는 도덕성이나 능력으로 자신을 점검할 때에 보통 이런 생각을 하곤 합니다. 옳으면 다 된 것 아닌가, 옳은 사람이 뛰어다닐 필요까지는 없지 않은가, 빚을 진 사람이 뛰어다녀야 하고 잘못한 사람이 용서를 빌러 다녀야지, 의로운 자가 왜 안달해야 하는가, 라고 말입니다. 왜 의로운 자가 분주히 빌러 다녀야 할까요?

　하나님은 의로우시되 성실하십니다. 구원에서 보듯이 하나님 앞에 구원을 요청해야 할 사람은 우리인데, 가만 보면 하나님이 우리에게 구원을 비시는 것같이 보입니다.《사람에게 비는 하느님》이라는 책이 있는데 이 제목을 보면서 정말 그렇구나, 하며 공감한 적이 있습니다. 물론 이것을 너무 확대해석 하면 안 되지만 말입니다. 하나님은 우리에게 당신의 아들을 보내시고 우리를 위하여 그 아들을 죽게 하시며 또한 성령님을 보내십니다. 우리의 모든 필요에 답하시며 기도를 허락하사 우리에게 인감도장까지 맡겨 주시고도 더 쩔쩔매십니다. 그러니 어떻게 보면 우리가 큰소리칠 수 있는 것이 아닌가, 이런 말을 하려는 것이 아닙니다. 이처럼 하나님의 진실하심은 우리의 생각과 사뭇 다르다는 것입니다. 정말 놀랍습니다. 안타까울 것도 아무 부족할 것도 없는 하나님이 더 쩔쩔매십니다. 이것이 바로 하나님의 진실입니다.

그리고 인애란 무엇입니까? 성경은 '헤세드(חֶסֶד)'라는 단어가 자주 등장하는데, 이 단어는 문맥에 따라 인애, 자비, 친절, 사랑, 은혜로 번역되어 표현됩니다. 호세아서의 '인애'에는 사랑이라는 뜻도 있고 은혜라는 뜻도 있습니다.

그러므로 하나님은 의로우시되 우리보다 더 안타까워하시는 의로운 분이며, 우리에게 옳고 그름을 잣대로 들이대시지 않고, 사랑하시고 베푸시려는 분으로서 우리에게 요구하시는 하나님입니다. 우리에게 복을 주시고 함께하시며 우리의 하나님이 되사 우리로 당신을 닮게 하기 위하여 진실하시며 인애를 원하시는 분입니다.

2절에 나온 "오직 저주와 속임과 살인과 도둑질과 간음뿐이요 포악하여 피가 피를 뒤이음이라"라는 말씀은 무슨 의미입니까? 하나님 없이는 어느 곳에서도 저주, 속임, 살인, 도둑질, 간음, 포악 같은 것밖에 만들어 낼 수 없다는 것입니다. 하나님과의 관계가 회복되지 않으면 정죄와 전쟁과 증오와 적대 행위와 저주와 파멸밖에 없습니다. 그리고 이는 인간과 인간 사이에서만 일어나는 일이 아닙니다. 인간들끼리 전쟁이 일어나면 단지 인간을 해치는 것을 넘어 사회와 세상을 망치는데, 이런 내용이 그다음 3절에 나옵니다. "그러므로 이 땅이 슬퍼하며 거기 사는 자와 들짐승과 공중에 나는 새가 다 쇠잔할 것이요 바다의 고기도 없어지리라"

하나님이 누구신지, 그리고 하나님이 당신의 백성에게 무엇을 요구하시는지를 제대로 이해하지 못하면 하나님은 우리의 수단에 불과해집니다. 또한 우리의 욕심과 정욕대로 살기 시작하면 자기를 망치고 이웃을 망치고 세상을 망치게 될 것입니다. 그것이 벌입니다. 하나님 앞에 범죄하고, 하나님의 자녀답게 살지 못해서 받는 일차적인 벌은 하나님 없으면 언제나 당연히 일어나는 파멸입니다. 자신과 이웃과 모든 환경과 세상과 역사를 부패시킵니다.

1절에서 보았듯, 이스라엘은 진실도 없고 인애도 없고 하나님을 아는 지식도 없습니다. 하나님을 아는 지식은 하나님을 하나님으로 알고 있는가, 하나님을 인격과 성품으로 섬기며 하나님의 부르심에 합당한 자로 순종하고 있는가와 연결됩니다. 하나님을 아는 것은 정보의 문제가 아닙니다. 성경에서 '안다'라는 말은 굉장히 깊은 관계, 부부처럼 가장 가까운 관계에서 서로에 대한 친밀한 지식을 이야기할 때 씁니다.

그러니까 서로 닮아 가고 공감하며 구별할 수 없이 하나인 관계에서 쓰는 단어입니다. 6절에 다시 이렇게 반복됩니다.

내 백성이 지식이 없으므로 망하는도다 네가 지식을 버렸으니 나도 너를 버려 내 제사장이 되지 못하게 할 것이요 네가 네 하나님의 율법을 잊었으니 나도 네 자녀들을 잊어버리리라 (호 4:6)

너희가 지식을 버렸으니 나의 제사장이 되지 못하게 하고 내 율법을 잊어버렸으니 나도 너희 자녀를 잊어버린다는 것은 너희에게 미래가 없다는 의미입니다. 여기서 하나님을 아는 지식과 율법이 왜 묶여 있는지 출애굽기 19장을 보면 알게 됩니다.

이스라엘 자손이 애굽 땅을 떠난 지 삼 개월이 되던 날 그들이 시내 광야에 이르니라 그들이 르비딤을 떠나 시내 광야에 이르러 그 광야에 장막을 치되 이스라엘이 거기 산 앞에 장막을 치니라 모세가 하나님 앞에 올라가니 여호와께서 산에서 그를 불러 말씀하시되 너는 이같이 야곱의 집에 말하고 이스라엘 자손들에게 말하라 내가 애굽 사람에게 어떻게 행하였음과 내가 어떻게 독수리 날개로 너희를 업어 내게로 인도하였음을 너희가 보았느니라 세계가 다 내게 속하였나니 너희가 내 말을 잘 듣고 내 언약을 지키면 너희는 모든 민족 중에서 내 소유가 되겠고 너희가 내게 대하여 제사장 나라가 되며 거룩한 백성이 되리라 너는 이

말을 이스라엘 자손에게 전할지니라 (출 19:1-6)

그리고 출애굽기 20장에 가면 십계명이 나옵니다. 하나님이 모세를 통하여 이스라엘 백성에게 율법을 주신 것입니다. 율법을 주신 이유가 무엇입니까? 이스라엘은 하나님의 백성으로서, 하나님을 아는 자로서, 하나님이 누구신지를 그들의 존재와 인생 속에 녹여 내여 하나님의 하나님 되심을 온 세상에 증언하기 위해서입니다. 이것이 율법입니다.

율법의 대표적 예인 십계명은 '하나님 사랑, 이웃 사랑'으로 압축할 수 있다고 마태복음 22장에서 예수님이 설명하셨습니다. '하나님 사랑, 이웃 사랑'에 대한 마태복음 22장의 가르침은 하나님이 그 성품과 속성에서 얼마나 진실하시고 자비로우신 분인가에 관한 선언으로 볼 수 있습니다. 하나님이 자기 백성에게 요구하시는 것이야말로 하나님이 누구신지에 대한 가장 대표적인 설명이기 때문입니다.

우상을 생각해 봅시다. 자기가 필요한 것을 얻기 위해 인간이라는 존재가 우상에게 무엇을 하는가 보십시오. 인간이 못났다는 사실을 어디서 알 수 있습니까? 못난 정도가 아니라 인간에게 치명적 결함이 있다는 사실은 정성을 표현하는 방법이 악하다는 사실에서 알 수 있습니다. 인간에게는 산 사람을 잡아 바치는 것이 최고의 정성입니다. 인간이 신을 만족시키는 어떤 희생 제물을 드리고자 한다고 해 봅시다. 사실 다른 신이란 없는 존재이므로 이런 희생은 우상이 요구하는 것이 아니라 인간이 요구하는 것이라 볼 수 있습니다. 하나님 없이 사는 인간이 가진 최고의 정성은 이처럼 못난 짓입니다. 사람을 잡아 바치는 것으로 그 정성을 표현하고 있으니 말입니다. 그러나 하나님은 이런 요구를 하시는 분이 아닙니다.

'도적질하지 마라, 살인하지 마라'에서 보듯이 하나님은 얼마나 고급하신 분입니까. 바로 이런 하나님의 백성이라는 사실이 이스라엘에게는 선민으로서 가진 특권이며 복이며 책임인 것입니다.

그러나 이스라엘 역사에서 내내 보듯이 그들은 하나님을 수단 이상으로 이해하지 못합니다. 호세아서나 말라기서에서 거듭 반복되는 내용은 그들이 하나님의 꾸중에 대하여 항복하지 않는다는 것입니다. 우리가 대체 무엇을 잘못했습니까, 라는 것이 이스라엘의 계속되는 반응입니다. 하나님이 이스라엘 백성에게 요구하는 것과 이스라엘 백성이 하나님에 대해서 이해한 것은 차이가 굉장히 큽니다. 그리고 이는 우리 모두의 본성에 있는 어떤 요소일 것입니다.

우리가 하나님 앞에 응답을 받아 내기 위해 표현한 최고의 정성스러운 모습이 무엇인지 떠올려 보십시오. 아마 제일 많이 하는 것이 금식이나 힘에 넘치는 헌금일 것입니다. 이런 행위 자체를 나무라는 것이 아닙니다. 이는 분명 정성의 한 표현입니다. 그러나 겨우 이런 것이 우리의 정성과 종교성의 극치에 해당한다는 것은 우리가 얼마나 한심스러우며 성경이 말하는 하나님의 기준과 성경이 요구하는 하나님을 아는 지식과 비교할 때 얼마나 큰 차이가 나는지 깨닫게 합니다. 하나님이 요구하시는 것은 이런 것이 아닙니다.

신앙생활하면서 가장 실수하기 쉬운 때는 우리가 옳을 때입니다. 그때가 가장 어렵습니다. 우리가 옳을 때에는 진실도 인애도 우리에게 없다는 사실을 얼마든지 발견합니다. 그러나 옳은 사람이 더 쩔쩔매야 합니다. 이 말이 납득되십니까? 틀린 사람이 쩔쩔매야지, 왜 옳은 사람이 쩔쩔맵니까? 옳은 사람이 당연히 큰소리쳐야 할 것 같은데 왜 틀린 사람이 큰소리쳐야 한다고 말하는 것일까요? 틀린 사람은 답을 모르니까 큰소리치는 것입니다. 목청이라도 높여야 어쩌겠습니까. 우리는 자신이 옳다는 이유로 목소리를 낮추고 웃고 기다려 줄 수 있습니까. 저 사람이 틀렸는데 답을 몰라서 고함지르는구나, 하며 기다려 줄 수 있습니까. 이것이 인애와 진실입니다.

본문을 이렇게 읽어 봅시다. '남포교회 성도들아, 여호와의 말씀을 들으라. 여호와께서 남포교회 성도들과 논쟁하시나니 이 교회는 진실도 없고 인애도 없고 하나님을 아는 지식도 없도다.' 아마 이 말씀에 안 걸릴 사람은 드물 것입니다. 우리가 옳았을 때의 표정을 사진 찍어 놓으면 그렇게 잘난 척하는 표정은 아마 없을 것입니다. 그러나 성경 어느 곳에서도 하나님은 이 표정을 짓지 않으십니다. 안타까워하십니다. 쩔쩔매십니다. 이스라엘 백성이 잘못했으니 벌을 주면 그만이라는 하나님은 한 번도 등장하지 않으십니다. 언제나 가슴을 찢으며 나타나십니다. 늘 한심한 것은 우리 인간입니다.

이스라엘이 제사장 나라인 것은, 그들이 없으면 하나님을 이방에 전할 수 없고 하나님이 일을 하실 수 없기에 이를 이어 주는 매개자로 서 있기 때문이 아닙니다. 이스라엘은 그들 자신만이 아니라 그들의 국가와 사회와 일상이 하나님의 통치 아래에 있는 특별한 자리로 부름 받아, 하나님이 누구신가를 누리며 하나님의 하나님 되심을 온 세계에 드러내야 하는 책임 있는 삶으로 부름을 받았기 때문입니다. 바로 오늘날 교회의 사명과 같습니다.

이스라엘이 해야 했던 것은 하나님이 어떤 분인가에 대한 이해와 순종입니다. 그러나 그들은 다른 데에 열심을 냈습니다. 지금 우리 현실은 어떠합니까? 우리는 쓸모 있는 교인, 하나님 앞에 무엇인가 해 드릴 수 있는 교회가 되려고 애쓰고 있습니다. 무엇을 해 드리고, 하나님에게 해 드린 그 어떤 것을 자랑하는 일에 교회가 붙잡혀 있는 것 같습니다. 이러한 경향을 소극적으로 표현하면, '죄 안 짓는 것이 전부다'로 가는데 이는 바람직한 모습이 아닙니다.

삶의 어느 정황에서도 우리에게 가장 크게 영향을 미치는 것은 하나님이 누구신가에 대한 지식이어야 합니다. 우리가 고통 속에 있고 절망 속에 있고 벽에 부딪히고 또는 기쁘고 통쾌하고 자랑스러운 정황에서도 우리의 현재 상태를 드러내는 결정적 표현과 만족의 절대 근거는 하나님이 누구신가에 달려 있어야 합니다.

고통스러울 때도 하나님의 자녀이기 때문에 넘어갈 수 있다, 기쁠 때도 하나님이 은혜로우셔서 내가 이런 복을 받는다, 하는 감사가 있어야 합니다. 감사나 인내라는 덕목은 책임이나 규칙으로 요구되지 않고 하나님을 어떻게 이해하는가의 문제와 결부되어 있습니다. 이사야 61장을 봅시다.

주 여호와의 영이 내게 내리셨으니 이는 여호와께서 내게 기름을 부으사 가난한 자에게 아름다운 소식을 전하게 하려 하심이라 나를 보내사 마음이 상한 자를 고치며 포로된 자에게 자유를, 갇힌 자에게 놓임을 선포하며 여호와의 은혜의 해와 우리 하나님의 보복의 날을 선포하여 모든 슬픈 자를 위로하되 무릇 시온에서 슬퍼하는 자에게 화관을 주어 그 재를 대신하며 기쁨의 기름으로 그 슬픔을 대신하며 찬송의 옷으로 그 근심을 대신하시고 그들이 의의 나무 곧 여호와께서 심으신 그 영광을 나타낼 자라 일컬음을 받게 하려 하심이라 그들은 오래 황폐하였던 곳을 다시 쌓을 것이며 옛부터 무너진 곳을 다시 일으킬 것이며 황폐한 성읍 곧 대대로 무너져 있던 것들을 중수할 것이며 외인은 서서 너희 양 떼를 칠 것이요 이방 사람은 너희 농부와 포도원지기가 될 것이나 오직 너희는 여호와의 제사장이라 일컬음을 받을 것이라 사람들이 너희를 우리 하나님의 봉사자라 할 것이며 너희가 이방 나라들의 재물을 먹으며 그들의 영광을 얻어 자랑할 것이니라 너희가 수치 대신에 보상을 배나 얻으며 능욕 대신에 몫으로 말미암아 즐거워할 것이라 그리하여 그들의 땅에서 갑절이나 얻고 영원한 기쁨이 있으리라 무릇 나 여호와는 정의를 사랑하며 불의의 강탈을 미워하여 성실히 그들에게 갚아 주고 그들과 영원한 언약을 맺을 것이라 그들의 자손을 뭇 나라 가운데에, 그들의 후손을 만민 가운데에 알리리니 무릇 이를 보는 자가 그들은 여호와께 복 받은 자손이라 인정하리라 (사 61:1-9)

그냥 쉽게 읽으면 결국 하나님이 자기 백성을 버리지 않고 복을 주실 것이다, 하나님의 백성, 곧 신약시대로 하면 예수를 믿는 사람들에게는 결국 승리가 있을 것이라는 말씀 같아 보입니다. 물론 맞습니다. 그런데 문제는 그 승리가 어떤 승리냐 하는 것입니다. 3절에 보듯이 '무릇 시온에서 슬퍼하는 자에게 화관을 주어 그 재를 대신하며 기쁨의 기름으로 그 슬픔을 대신하며 찬송의 옷으로 그 근심을 대신하시고 그들이 의의 나무 곧 여호와께서 심으신 그 영광을 나타낼 자라 일컬음을 받게 하려 하심'이라고 합니다. 우리의 승리는 궁극적으로 하나님의 어떠하심에 걸맞은 성품으로 완성되는 일일 것입니다. 이는 하나님을 아버지라 부르는 자녀로서 하나님이 즐겨 나타내시고 기뻐하시는 하나님의 성품을 닮아 가는 일입니다. 우리를 의의 나무로 완성하실 것입니다. 그것이 궁극적 승리입니다.

우리의 마지막은 잘하면 상 받고 못하면 벌 받는 심판이 아니라, 궁극적으로 하나님을 알며 하나님의 자녀라는 이름에 합당한 완성으로 끝날 것입니다. 하나님의 부르심의 무서움은 이것입니다. 잘잘못의 기준을 넘어서 우리가 진정 그리스도를 닮기까지, 그리스도의 충만에 이르기까지 하나님은 우리를 놓아두시지 않는다는 것입니다.

불만이십니까? 왜 하나님의 하나님 되심에 대하여 전혀 감격이 없고, 이런 기쁜 말씀을 듣고서도 마치 내일 시험 보는 학생 같은 표정을 지으십니까? 하나님이 우리를 사랑하신다는 말씀을 아직 다 이해하지 못하기 때문입니다. 하나님이 우리를 구원하기 위하여 그 아들을 육신으로 보내셨다는 말의 무서움을 모른 채, 기독교 신앙의 진정한 깊이에 대하여 겁내고 있기 때문입니다. 본문에서 이스라엘 백성이 그랬듯이, 우리의 가장 큰 병은 "그들은 번성할수록 내게 범죄하니 내가 그들의 영화를 변하여 욕이 되게 하리라"라는 하나님의 지적에서 찾을 수 있습니다.

우리는 형통밖에 바라는 것이 없습니다. 생각 없이 살고 대강 살고 아쉬운 소리를 안 하고 사는 것이 전부인 존재가 되고 싶어 할 뿐, 하나님이 우리를 어떻게 만드셨고 무엇을 만들고자 하시는지에 대해서는 관심이 없습니다. 한 번 더 예배에 나오고 한 번 더 무릎 꿇고 기도하고 한 번 더 성경을 읽어 혹시 일어날지도 모르는 어떤 벌을 미연에 방지하는 것에 우리의 관심이 있을 뿐입니다.

제가 신자로 살아오면서 제일 많이 당황했던 문제이기도 합니다. 욥이 질렀던 고민인 '침 삼킬 동안도 놓아두시지 않는 하나님, 왜 나로 과녁을 삼으십니까?'라는 비명이 우리 모두의 고백일 수밖에 없다는 것을 알아야 합니다. 호세아서의 주제가 무엇입니까? 무시무시하신 하나님입니다. 하나님이 정말 무시무시하다고 여겨집니까? 하나님은 우리를 거기까지 요구하십니다. 그 전에는 절대 그만두시지 않으며 타협하시지 않을 것입니다. 죄짓지 말고 규칙을 지키라는 것이 아닙니다. 하나님이 누구신가를 우리가 뼛속 깊이 깨달을 때까지 우리의 생각과 존재의 모든 요소가 하나님을 아는 것으로 변화될 때까지 하나님은 우리 인생과 삶에 적극적으로 힘을 다하여 그의 지혜와 열심과 자비하심과 의로우심으로 간섭하실 것입니다. 이는 사실 모든 신자의 자랑입니다. 그리고 현실입니다. 아직도 우리의 현실을 빨리 편안하게 해 달라고 요구하고 있다면, 이제 그만 포기하십시오. 하나님의 사람으로 순종하며 하나님을 아는 일에 부름 받았음을 감사하고 이 길로 돌아서십시오. 우리의 인생이 과연 하나님의 인도하심을 받는 인생이며 하나님을 알아가는 최선의 과정임을 아는 기쁨과 감사가 있을 것입니다.

기도

하나님 아버지, 은혜를 감사합니다. 하나님은 우리 아버지이시며 그 아들을 보내시고 우리를 지극히 사랑하시는 하나님이십니다. 그러나 우리는 그리하지 못합니다. 우리는 사실 하나님을 찾을 일이 없기를 바라는 참으로 못난 생각에 붙들려 있습니다. 이런 우리를 하나님이 놓아두시지 않고 오늘도 우리를 깨우시며 하나님만이 주실 수 있는 복으로 부르신다고 말씀하시니 이제 정신 차리고 주 앞에 서며 주를 모시고 믿음으로 살기를 다시 한 번 결단하며 주 앞에 기도합니다. 깨닫게 하여 주옵소서. 하나님을 아버지라 부르는 기쁨과 영광을 알고 누리게 하옵소서. 우리의 현실과 세상의 위협을 이기게 하옵소서. 예수님 이름으로 기도합니다. 아멘.

7
들으라 깨달으라 기울이라

¹제사장들아 이를 들으라 이스라엘 족속들아 깨달으라 왕족들아 귀를 기울이라 너희에게 심판이 있나니 너희가 미스바에 대하여 올무가 되며 다볼 위에 친 그물이 됨이라 ²패역자가 살육죄에 깊이 빠졌으매 내가 그들을 다 벌하노라 ³에브라임은 내가 알고 이스라엘은 내게 숨기지 못하나니 에브라임아 이제 네가 음행하였고 이스라엘이 더러워졌느니라 ⁴그들의 행위가 그들로 자기 하나님에게 돌아가지 못하게 하나니 이는 음란한 마음이 그 속에 있어 여호와를 알지 못하는 까닭이라 ⁵이스라엘의 교만이 그 얼굴에 드러났나니 그 죄악으로 말미암아 이스라엘과 에브라임이 넘어지고 유다도 그들과 함께 넘어지리라 ⁶그들이 양 떼와 소 떼를 끌고 여호와를 찾으러 갈지라도 만나지 못할 것은 이미 그들에게서 떠나셨음이라 ⁷그들이 여호와께 정조를 지키지 아니하고 사생아를 낳았으니 그러므로 새 달이 그들과 그 기업을 함께 삼키리로다 (호 5:1-7)

호세아 4장에 이어 5장은 이스라엘 백성의 죄를 계속 지적하고 꾸중하는 내용입니다. 본문에서는 특히 제사장들과 왕족들 곧 이스라엘 백성의 정치 지도자들과 종교 지도자들을 엄히 꾸짖으시는 장면이 나옵니다.

    호세아 내내 자주 등장하는 표현이 있습니다. 바로 이스라엘 백성의 죄를 '음행하였다' 또는 '음란하다'라고 기술한 것인데, 이런 표현의 의미가 본문의 중요한 초점입니다. 물론 우리는 '음행하였다'라는 표현이, 책임져야 할 또는 배신해서는 안 되는 부부관계를 깨는 것을 의미한다고 알고 있습니다. 하지만 우리는 이를 일종의 도덕적 문제라고 생각할 뿐, 부부 됨의 더 깊고 적극적인 내용을 성경이 요구하는 데까지는 잘 생각하지 못합니다.

우선 5장 1절을 봅시다. 하나님이 제사장들과 왕족들에게 '너희가 미스바에 대하여 올무가 되며 다볼 위에 친 그물이 됨이라'라고 꾸짖고 계십니다.

여기서 '미스바'라는 곳이 어떤 역사적 내용을 가진 장소인지에 대해서는 여호수아 11장에 잘 나와 있습니다. 여호수아 11장 1절에서 15절까지 요약하면 다음과 같습니다. 출애굽한 이스라엘 민족이 가나안을 정복할 때에 북쪽에 있는 왕들이 연합하여 이스라엘을 대적하기로 합니다. 그 당시에는 북쪽에 있는 왕국들의 규모가 작았기 때문에 서로 연합하려고 했던 것 같습니다. 하솔 왕 야빈이 지도자가 되어 여러 왕들을 규합하여 함께 이스라엘을 대적하기로 하는데, 여호수아가 하나님의 도움으로 그들을 전부 멸절합니다. 여호수아 11장 3절의 "동쪽과 서쪽의 가나안 족속과 아모리 족속과 헷 족속과 브리스 족속과 산지의 여부스 족속과 미스바 땅 헤르몬 산 아래 히위 족속에게 사람을 보내매"라는 말씀에서 미스바가 등장합니다.

본문 호세아에서 하나님이 이 '미스바'를 들어 꾸짖으시는 것은 어떤 의미일까요? 이스라엘에게 가나안 땅을 허락하신 하나님, 거기 살던 적들을 몰아내고 젖과 꿀이 흐르는 땅을 주신 하나님, 하나님의 하나님 되심을 알게 하는 땅인 미스바가 본문에서는 어떻게 되었다고 합니까? '미스바에 대하여 올무가 되었다'라고 합니다. 이 구절에서 정치 지도자들과 종교 지도자들이, 하나님이 이스라엘에게 주신 약속의 땅에 대해 오도하고 왜곡하였다는 것을 알 수 있습니다.

다음으로 '다볼'에 대해서 생각해 봅시다. 호세아 5장 1절에는 '미스바'에 이어 '다볼'이라는 지명도 등장하는데, 다볼이 어떤 역사적 내용을 가진 장소인지 살펴봅시다. 다볼은 사사기 4장에서 하솔 왕 야빈이 등장하는 장면에 나옵니다.

에훗이 죽으니 이스라엘 자손이 또 여호와의 목전에 악을 행하매 여호와께서 하솔에서 통치하는 가나안 왕 야빈의 손에 그들을 파셨으니 그의 군대 장관은 하로셋 학고임에 거주하는 시스라요 야빈 왕은 철 병거 구백 대가 있어 이십 년 동안 이스라엘 자손을 심히 학대했으므로 이스라엘 자손이 여호와께 부르짖었더라 (삿 4:1-3)

이제 드보라가 등장해 다볼 산에서 야빈의 군대를 쳐 이스라엘을 구합니다. 여기서 야빈이란 개인의 이름이 아니고 하솔이라는 나라의 왕명입니다. 애굽의 '바로'와 같은 호칭입니다.

그런데 호세아에서는 이 '다볼'을 들어 정치 지도자들과 종교 지도자들을 꾸짖습니다. 이스라엘 백성이 약속의 땅에서 주변 나라들 때문에 어려움을 겪어 하나님에게 부르짖자, 하나님이 드보라를 세워 이스라엘 백성을 구한 역사적 장소인 다볼을 들어서 말입니다. 본문에서는 다볼에 대해 어떻게 말씀하고 있습니까? 너희가 '다볼 위에 친 그물이 되었다'라고 합니다. 의역하면, 하나님에게로 나아가야 할 백성을 인도해야 할 지도자들이 그들을 자기네 수중으로 붙잡아 들이는 그물이 되었다는 뜻입니다.

미스바와 다볼은 하나님의 하나님 되심과 자기 백성을 지키시고 구원하시는 하나님의 약속을 상징하는데, 이스라엘의 정치 지도자들과 종교 지도자들은 이를 도대체 어떻게 오도하고 왜곡하고 사리사욕으로 채웠는가, 하는 것이 호세아 5장의 중심 내용입니다. 이를 이해하기 위해서는 호세아 4장 15절을 볼 필요가 있습니다.

이스라엘아 너는 음행하여도 유다는 죄를 범하지 못하게 할 것이라 너희는 길갈로 가지 말며 벧아웬으로 올라가지 말며 여호와의 사심을 두고 맹세하지 말지어다 (호 4:15)

길갈로 가지 말며 벧아웬으로 올라가지 말며 여호와의 사심을 두고 맹세하지 말라고 합니다. '여호와의 사심을 두고 맹세하지 말지어다'라는 말씀이 무슨 뜻일까요? 여호와의 사심을 두고 맹세하는 것은 온전한 신앙 행위입니다. 그런데 그렇게 하지 말라는 것은 하나님이 그들의 말을 듣지 않겠다는 뜻도 있고 그들은 말만 그렇게 할 뿐 실제는 아니지 않느냐, 하는 판단이 숨어 있는 표현입니다. 너희는 여호와의 사심을 두고 맹세하지 마라, 곧 너희는 말만 그렇게 할 뿐 실제로는 그렇지 않다는 것입니다. 이 15절을 병행적으로 보면 앞에 나온 길갈과 벧아웬을 들어 하나님이 말씀하시는 의미도 마찬가지일 것입니다.

길갈은 여호수아 4장에 나오는 지명입니다. 하나님이 요단 강물을 마르게 하시자 이스라엘 백성이 모두 요단 강을 건넙니다. 그다음에 여호수아가 이스라엘 백성에게 요단강 가운데서 취한 돌을 가지고 기념물을 세우게 하였는데, 이곳이 바로 길갈입니다. 나중에 그들의 후손이 이 돌무더기가 무엇을 기념하는 것인지 묻거든, 이 사건을 그들에게 증언하라고 합니다. 이스라엘 백성에게 하나님이 누구신가를 설명했던 장소가 바로 길갈인 것입니다. 그런데 호세아 4장 15절의 '길갈로 가지 말며 벧아웬으로 올라가지 말며'라는 말씀에서 보듯이, 길갈은 하나님이 기억되는 지명이 아니라 기억해야 할 하나님의 이름을 누군가 대신 가로챈 곳으로 전락했다는 것을 알 수 있습니다. 이런 사실을 또한 벧아웬에서도 확인할 수 있습니다.

벧아웬은 '우상의 집'이라는 뜻입니다. 따라서 그냥 '벧아웬으로 올라가지 마라'라고 하면 쉽습니다. 우상의 집에 가지 말라는 뜻이기 때문입니다. 그러나 이렇게 되면 '길갈로 가지 마라'라는 명령과 대등하게 연결되기가 어렵습니다. 기념비적 사건이 일어난 길갈은 여호와를 기억해야 하는 지명이므로 '길갈로 가지 마라'와 '벧아웬으로 가지 마라'를 대등하게 이어 쓸 수는 없기 때문입니다. 길갈은 여호와를 기억해야 할 장소이고 벧아웬은 우상의 집이니까 둘이 대조될 수는 있어도 병행적으로 쓸 수는 없습니다. 하지만 본문에서는 이 둘이 병행적으로 쓰였습니다.

15절 후반의 '너희는 여호와의 사심을 두고 맹세하지 말지어다'라는 말씀도 '여호와의 사심을 두고 맹세해라'라고 해야 맞습니다. 그러나 조금 전에 설명해 드린 대로, 맹세하지 말라고 하신 것은 하나님이 들으시지 않겠다는 뜻과 함께 '너희는 말만 그렇게 할 뿐, 정말 나의 주권과 영광을 구하지 않는다는 것을 내가 안다. 또한 너희도 이것을 안다. 그러니 다시는 그 말을 입에 올리지 마라'라는 뜻입니다.

'벧아웬'은 '벧엘'의 별명입니다. 벧엘이 나중에 벧아웬으로 공공연하게 불리게 됩니다. 그 지명이 실제로 바뀐 것은 아니지만 '하나님의 집'이 '우상의 집'으로 바뀌어 불리게 된 것입니다. 벧엘은 창세기 28장 10절 이하에서 야곱이 형을 피해 외삼촌에게 피난 가는 밤에 돌베개 하고 누워 자다 하나님을 만나 뵌 자리입니다. 야곱이 그곳에서 하나님을 만났다고 해서 벧엘 곧 '하나님의 집'이라고 이름을 붙였던 것입니다. 이 벧엘이 호세아 시대에는 왜 벧아웬으로 공공연하게 불렸을까요? 열왕기상 12장으로 가 봅시다.

여로보암이 에브라임 산지에 세겜을 건축하고 거기서 살며 또 거기서 나가서 부느엘을 건축하고 그의 마음에 스스로 이르기를 나라가 이제 다윗의 집으로 돌아가리로다 만일 이 백성이 예루살렘에 있는 여호와의 성전에 제사를 드리고자 하여 올라가면 이 백성의 마음이 유다 왕 된 그들의 주 르호보암에게로 돌아가서 나를 죽이고 유다의 왕 르호보암에게로 돌아가리로다 하고 이에 계획하고 두 금송아지를 만들고 무리에게 말하기를 너희가 다시는 예루살렘에 올라갈 것이 없도다 이스라엘아 이는 너희를 애굽 땅에서 인도하여 올린 너희의 신들이라 하고 하나는 벧엘에 두고 하나는 단에 둔지라 이 일이 죄가 되었으니 이는 백성들이 단까지 가서 그 하나에게 경배함이더라 그가 또 산당들을 짓고 레위 자손 아닌 보통 백성으로 제사장을 삼고 여덟째 달 곧 그 달 열다섯째 날로 절기를 정하여 유다의 절기와 비슷하게 하고 제단에 올라가되 벧엘에서 그와 같이 행하여 그가 만든 송아지에게 제사를 드렸으며 그가 지은 산당의 제사장을 벧엘에서 세웠더라 그가 자기 마음대로 정한 달 곧 여덟째 달 열다섯째 날로 이스라엘 자손을 위하여 절기로 정하고 벧엘에 쌓은 제단에 올라가서 분향하였더라 (왕상 12:25-33)

솔로몬이 죽고 그 아들 르호보암이 왕이 됩니다. 그런데 솔로몬 시대에는 궁도 짓고 성전도 너무 많이 지어서 백성의 생활이 힘들어집니다. 르호보암이 왕이 되자 백성의 대표인 장로들이 나아와 "왕께서는 아버지처럼 하지 말아 주십시오"라고 부탁합니다. 그러나 르호보암이 말을 듣지 않고 "나는 내 아버지보다 더 가혹하게 할 것이다"라며 고집을 부리자, 열두 지파 중 열 지파가 여로보암을 왕으로 세워 이스라엘이 둘로 나뉩니다. 르호보암은 유다와 베냐민 두 지파의 왕이 되고 북 왕조는 열 지파가 규합한 나라가 되어 이스라엘을 국호로 삼습니다. 남 왕국은 유다가 워낙 큰 지파고 베냐민은 작기 때문에 유다 지파의 이름을 국호로 써서 유다로 불리고 북 왕국은 이스라엘로 불리게 된 것입니다.

그런데 문제는 성전이 있는 예루살렘이 유다에 속해 있다는 점입니다. 이스라엘 백성에게는 여호와 하나님을 섬기는 신앙이 가장 중요한 정체성이자 국가의 큰 명분이며 책임이어서 절기마다 성전에 올라가야 하는데, 북 왕국 이스라엘 왕 여로보암이 생각하기를 백성들이 예배 드리는 절기마다 예루살렘으로 이동하면 나라의 정통성이 유다에 있다고 생각할까 봐 예루살렘을 대신할 성소를 북 왕국에 만들게 됩니다. 제사를 지낼 수 있게 단을 쌓고 금송아지를 만들어서 이를 우상이라고 부르지 않고, 28절 이하에 나온 바와 같이 '이에 계획하고 두 금송아지를 만들고 무리에게 말하기를 너희가 다시는 예루살렘에 올라갈 것이 없도다 이스라엘아 이는 너희를 애굽 땅에서 인도하여 올린 너희의 신들이라 하고 하나는 벧엘에 두고 하나는 단에' 둡니다. 이렇게 나라의 양쪽에 두어 백성들이 성전에 가깝게 가서 절기를 지키고 제사를 지낼 수 있게 한 것입니다. 그러나 이는 분명히 여호와 하나님을 섬기는 신앙의 본질을 벗어난 것으로 순전히 정치적인 이유로 그렇게 한 것입니다.

'정치적 이유'라는 말을 이해할 것입니다. 긍정적 의미에서 정치란 굉장히 중요한 직분이고 임무입니다. 마치 오케스트라의 지휘자처럼 한 나라를 잘 묶고 그 뜻을 모아 국력과 미래를 준비하게 하는 직무입니다. 이처럼 정치는 중요하기 때문에 책임 있게 정치하려면 권력이 필요한 법입니다. 그러나 실제 정치가들은 오직 권력만 추구하여 이를 손에 넣으면 자기들 마음대로 했던 부정적 경험이 우리에게 많기 때문에 정치 이야기만 나오면 부정적 생각이 먼저 앞섭니다. 언젠가 아주 반듯하고 정말 실력 있는 청년과 이야기를 나눈 적이 있습니다. "국가를 위하여 어떻게 봉사하면 좋겠습니까?"라고 그 청년이 묻자 "정치할 실력과 책임이 있으면 제일 좋다"라고 했더니 그 청년이 펄쩍 뛰더라고요. "아니, 목사님! 정치라니요? 저는 그따위 짓 안합니다"라고 반문하였습니다.

정치는 정말 잘해야 합니다. 하지만 잘하기가 쉽지 않습니다. 정치가에게 맡겨진 큰 책임을 완수할 수 있도록 허락된 권력을 잘 다스리지 못해서 부작용이 생기기 때문입니다. 그래서 아까 그 청년에게 "왜 그렇게 정치를 부정적으로 생각하는가?"라고 묻자 "정치하는 사람들 다 썩었잖아요"라고 하더군요. 물론 정치가 썩었다고 볼 수 있지만, 인간이란 어디서든 썩을 수 있는 존재라는 것을 언제나 명심해야 합니다.

우리는 어디까지 왔습니까? 지금 이 청년이 펄쩍 뛰었던 것처럼 우리는 정치에 대해 아직 무지합니다. 정치인을 뽑을 때 정치에 대해서 잘 모르는 사람을 뽑고 있습니다. '정치는 해 본 적 없음'과 같은 경력을 지닌 사람을 뽑는 수준인 것입니다. 순진무구하다는 이유로 뽑는 것입니다. 그러나 정치가는 순진무구하면 안 됩니다. 약삭빨라야 한다는 것이 아니라 지혜와 경륜과 실력이 있어야 한다는 의미입니다.

지금처럼 우리에게 정치가 필요한 때가 또 어디 있습니까? 우리는 정치력의 필요성을 계속 느낍니다. 군사정권이 가졌던 강요나 강압을 벗어나게 되자, 요즘은 여론을 묻고 합심하여 균형과 조화를 이루어 내는 문제에서 시행착오를 반복하고 있습니다. 그러니 빨리 더 좋은 지도자가 나오기를 하염없이 기다리는 것입니다.

그러나 본문과 관련하여 정치하는 자의 입장에서 이야기해 보면, 정치가는 자신이 국가를 위하고 내일을 준비하는 사람이라는 것으로는 일반 국민의 마음을 얻기가 쉽지 않을 것입니다. 그래서 권력을 잡는 데만 욕심이 있는 정치가라면 국민의 마음을 쉽고 값싸게 얻으려고 할 것입니다.

한 걸음 더 들어가서 본문을 들어 이야기해 보겠습니다. 하나님을 모르면 이 세상에서 권력을 잡거나 정치를 하는 것이 자기 영광과 자기 성취라는 것 말고는 아무런 의미가 없습니다. 본문에서 하나님은 "너희 제사장들아, 너희 왕족들아, 너희는 나를 위하여 세워진 자리에 앉아서 나를 만나러 오는 백성들을 막아 그들을 돌려보내고 있구나. 이는 너희만 나를 알고 만나려는 것이 아니냐?"라고 꾸짖으십니다. 이 말씀이 쉽게 실감나지 않을 테니 사무엘 15장에 가 봅시다. 지금 하는 이야기를 실감 나게 하는 역사적 사실이 여기 등장합니다.

그 후에 압살롬이 자기를 위하여 병거와 말들을 준비하고 호위병 오십명을 그 앞에 세우니라 압살롬이 일찍이 일어나 성문 길 곁에 서서 어떤 사람이든지 송사가 있어 왕에게 재판을 청하러 올 때에 그 사람을 불러 이르되 너는 어느 성읍 사람이냐 하니 그 사람의 대답이 종은 이스라엘 아무 지파에 속하였나이다 하면 압살롬이 그에게 이르기를 보라 네 일이 옳고 바르다마는 네 송사를 들을 사람을 왕께서 세우지 아니하셨다 하고 또 압살롬이 이르기를 내가 이 땅에서 재판관이 되고 누구든지 송사나 재판할 일이 있어 내게로 오는 자에게 내가 정의 베풀기를 원하노라 하고 사람이 가까이 와서 그에게 절하려 하면 압살롬이 손을 펴서 그 사람을 붙들고 그에게 입을 맞추니 이스라엘 무리 중에 왕께 재판을 청하러 오는 자들마다 압살롬의 행함이 이와 같아서 이스라엘 사람의 마음을 압살롬이 훔치니라(삼하 15:1-6)

압살롬은 다윗의 아들이지만 그는 나중에 아버지 다윗에게 반역합니다. 압살롬은 국민의 지지를 얻기 위하여 성문 길 곁에 서서(그 당시 재판은 왕이나 장로들이 성문 앞에 나와서 하는 관행이 있었습니다.) 기다리고 있다가 송사하러 오는 사람들을 만나면 그들이 무슨 일로 왔는지를 묻습니다. "이만저만한 일로 재판을 받으러 왔습니다"라고 하면 압살롬은 "왕이 오늘 안 나오신다. 내가 압살롬 왕자니까 네 억울한 사연을 나에게 이야기해 봐라. 아버지 대신 내가 해결해 주마"라고 말합니다. 그 사람이 압살롬에게 가까이 가서 "고맙습니다"라고 절하려고 하면 압살롬이 손을 펴서 그 사람을 붙들고 입을 맞춥니다. 절하는 것은 상하관계에서 예의이고 입을 맞추는 것은 대등한 관계에서 친근함을 표시하는 것인데, 압살롬이 이렇게 해 주니 백성들의 마음이 다 녹습니다. 재판을 청하러 오는 무리가 생각하기를 '왕자가 내 억울함을 들어주고 사람 대접을 해 주는구나'라고 하여 압살롬이 백성들의 마음을 얻습니다. 이렇게 백성들의 마음을 훔쳐 그가 나중에 반역할 때 백성들에게 큰 호응을 받아 냅니다. 호세아 5장은 이 이야기를 두고 하는 말입니다.

본문에서 이스라엘의 정치 지도자들과 종교 지도자들에게 하나님이 하시는 이야기는 이 나라를 세운 하나님이 누구인지를 묻는 것입니다. 이 나라를 세운 하나님은 너희의 정치 문제나 사회문제를 해결하려는 수단과 방법에 불과한 하나님이 아니다, 너희를 백성으로 삼고 더 나아가 너희와 부부가 되기를 원하는 하나님이라는 것입니다. 이는 굉장한 요구입니다.

나는 너희와 대등한 관계를 원한다, 나는 너희가 내 아내이기를 원한다, 나는 너희에게 다만 수단이 아니다, 그러나 너희는 언제나 문제 해결에만 급급하다, 풍요롭게 살고 즐겁게 사는 것이 전부이지 그 이상 아무 소원이 없다, 아무 생각이 없다, 이는 너희 잘못이다, 너희 지도자들이 미스바, 다볼, 길갈, 벧엘에서 일어난 역사적 사건들을 알면서 하나님이 이스라엘 백성을 얼마나 사랑하시고 보호하시고 지키시며 그들에게 무엇을 요구하시는지를 모른다고 하는 것은 큰 죄다, 하나님이 누구시고 이스라엘 백성이 하나님과 어떤 관계에 있으며 이 둘 사이에는 아무것도 개입할 수 없는데, 너희가 이것을 깨고 거기에 끼어들어 와 오직 너희의 정치적 이익이나 종교적 이익을 위하여 나 하나님을 배반했다, 라고 하십니다. 그래서 이러한 행위는 정치 지도자들과 종교 지도자들에 대해서도 음행이라고 이야기하고, 이스라엘 백성에 대해서도 음행이라고 이야기하는 것입니다.

출애굽기 20장에서는 시내 산에서 율법이 주어지는 장면이 나옵니다. 그 전에 열 가지 재앙을 만나고 홍해를 가르고 만나를 먹고 건너와 이제 하나님이 약속하신 시내 산 앞에서 마지막 부름을 받습니다. 이것이 출애굽기 19장의 내용인데, 하나님은 거기서도 똑같은 요청을 하십니다. 하나님이 동일한 내용으로 이스라엘 백성에게 다음과 같이 확인시켜 주시는 것입니다.

이스라엘 자손이 애굽 땅을 떠난 지 삼 개월이 되던 날 그들이 시내 광야에 이르니라 그들이 르비딤을 떠나 시내 광야에 이르러 그 광야에 장막을 치되 이스라엘이 거기 산 앞에 장막을 치니라 모세가 하나님 앞에 올라가니 여호와께서 산에서 그를 불러 말씀하시되 너는 이같이 야곱의 집에 말하고 이스라엘 자손들에게 말하라 내가 애굽 사람에게 어떻게 행하였음과 내가 어떻게 독수리 날개로 너희를 업어 내게로 인도하였음을 너희가 보았느니라 세계가 다 내게 속하였나니 너희가 내 말을 잘 듣고 내 언약을 지키면 너희는 모든 민족 중에서 내 소유가 되겠고 너희가 내게 대하여 제사장 나라가 되며 거룩한 백성이 되리라 너는 이

말을 이스라엘 자손에게 전할지니라 (출 19:1-6)

'너희가 내게 대하여 제사장 나라가 되며 거룩한 백성이 되리라'라고 하나님이 약속하십니다. 여기서 '거룩함'이란 하나님에게 속하였다는 뜻으로, 이는 순종으로만 나타납니다. 이 순종이라는 말을 억압적으로 이해하지 마십시오. 이렇게 한 번 생각해 봅시다. 부부란 다른 어떤 관계보다도 긴밀한 사이입니다. 부부 사이에서는 '옳고 그름'이 최종 기준이 아닙니다. 부부 사이에서 최종 기준은 "나 그거 싫어"입니다. 옳은가, 그른가의 문제가 아닙니다. 요즘 프로야구가 한창이죠. "당신은 두산 편이야? 삼성 편이야?"라고 물었는데 "나 야구 싫어"라고 하면 스포츠 뉴스를 볼 수 없습니다. 부부거든요, 부부. 부부는 요구로만 묶여 있지 않고 헌신으로 묶여 있습니다. 부부는 책임을 넘어서는 그 어떤 것으로 묶여 있는 것입니다.

하나님이 바로 이것을 말씀하시고자 합니다. 왜 이스라엘 백성에게 "너희가 음행했다"라고 표현하시는지 그 이유가 여기 나옵니다. 하나님은 우리에게 하나님이 아닌 다른 것을 궁극적 목적으로 삼게 해서 해결책을 제시하지 않습니다. 그래서 건강, 성공, 행복, 이런 것이 우리의 궁극적 목표가 되면 하나님은 이를 깨고 들어오십니다. 부부이기 때문입니다. 당연한 권리이면서 당연한 헌신입니다. 그리고 하나님은 우리에게 이 헌신을 하신 분입니다. 신약으로 이해하면, 그 아들을 보내신 하나님이신 것입니다. 이런 분이시기에 하나님은 우리에게 모든 것을 요구하실 권리가 있습니다. 또한 이는 우리에게 복입니다.

우리의 존재와 운명과 인생과 고난과 다른 그 무엇이든 하나님의 사랑이 이보다 더 크다는 것을 이해하지 못하면 우리의 현실을 이해할 다른 방법은 없습니다. 우리는 끊임없이 하나님을 구하기보다 고통을 면하는 일과 세상의 형통을 우선하여 요구합니다. 죄의 본성 때문에 그렇습니다. 그래서 하나님이 평생 답을 안 주시는 것일 수 있습니다. 그러나 배웁니다. 하나님이 정말 영원한 고집으로 답을 주시지 않는다는 사실을 어느 날 깨닫게 됩니다.

욥기는 42장으로 되어 있고 하나님은 욥기 38장쯤 나타나시는 것을 보면, 그토록 많은 장에 걸쳐 욥이 하소연하고 불만을 토로하고 자신을 저주했다는 것을 알 수 있습니다. 왜 자기 자신을 저주할까요? 차마 하나님에게는 불경한 말을 할 수 없어서 대신 자신을 저주하는 것입니다. 자녀가 부모에게 반항할 때 "나 밥 안 먹어" 하는 것과 똑같습니다. 이는 부모한테 참 못할 짓입니다. 부모한테 뭐라고는 할 수 없어서 "나 밥 안 먹어. 집 나갈 거야" 이러는 것입니다. 그런데 이 말은 욥이 먼저 했습니다. 최초로 이 말을 한 것은 우리 자녀가 아닙니다. 하나님은 이런 우리를 놔두십니다. 우리가 하나님을 찾고 하나님만으로 답이 되는 자리에 오기까지 하나님은 중간에 포기하시거나 타협하시지 않으십니다. 무시무시한 하나님이십니다. 신자 된 우리 인생이 고달픈 이유입니다. 우리는 계속 "숨 쉴 틈을 주십시오"라고 비명 지릅니다. 욥은 '침 삼킬 동안도 놓아두시지 않는 하나님'이라고 고백합니다. "나 같은 것이 범죄하였다고 한들 하나님과 무슨 상관이 있습니까? 하나님, 왜 나 때문에 속을 끓이십니까?" 이렇게까지 항의합니다.

이것이 무슨 뜻인지 알 것입니다. 우리도 다 해 본 일입니다. 예수 믿는 것을 잠시 보류할까 하는 생각도 해 보았을 것입니다. 내가 성질부리고 나가면 하나님이 알아서 다시 붙잡아 오시든가, 싫으면 말고, 이렇게 다 해 보았던 과정입니다. 이 모든 과정을 거쳐 끝끝내 하나님이 오게 하시는 자리는 우리에게 하나님이 누구신가를 대답하게 하는 자리입니다. 그래서 이 말씀이 있는 것입니다. 예레미야 9장을 봅시다.

여호와께서 이와 같이 말씀하시되 지혜로운 자는 그의 지혜를 자랑하지 말라 용사는 그의 용맹을 자랑하지 말라 부자는 그의 부함을 자랑하지 말라 자랑하는 자는 이것으로 자랑할지니 곧 명철하여 나를 아는 것과 나 여호와는 사랑과 정의와 공의를 땅에 행하는 자인 줄 깨닫는 것이라 나는 이 일을 기뻐하노라 여호와의 말씀이니라 (렘 9:23-24)

무시무시한 말씀입니다. 지혜로운 자는 자신의 지혜를 자랑하지 말고, 용사는 자기의 용맹을 자랑하지 말고, 부자는 자신의 부함을 자랑하지 말라고 합니다. 지혜와 용맹과 부함이 궁극적 목표와 자랑이 될 수 없는 이유는 무엇입니까? 하나님이 누구신가, 하는 문제를 그 어떤 것과 비교할 수 없기 때문입니다. 무엇을 자랑하라고 합니까? '자랑하는 자는 이것으로 자랑할지니 곧 명철하여 나를 아는 것'을 자랑하라고 합니다. 여호와를 아는 것은 관계의 문제입니다. 여호와 하나님이 우리에게 누구십니까? 바로 우리의 남편입니다.

어디 나가서 무슨 일이 생기면 우리나라 사람들은 "당신, 뭐야?"라며 곧잘 신분을 묻습니다. 그런데 이 모든 신분과 지위를 뛰어넘는 관계가 바로 혈연일 것입니다. 케네디 대통령이 아침에 백악관에서 참모들과 회의하는 자리는 중대한 결정을 해야 하는 자리인 만큼 아무도 접근할 수 없게 합니다. 그런데 책임 있는 참모들만 출입할 수 있는 자리에 아무 때나 문 열고 들어오는 사람이 있습니다. 아내 재클린하고 아들 존입니다. 막을 수가 없죠. 부인인걸요. "저 안에 있는 사람이 내 남편이야." 이처럼 부부는 지위가 동등합니다.

하나님은 마치 우리가 더 높은 존재인 것처럼 우리를 대우하십니다. 하나님이 우리에게 화내시는 이유가 바로 이것입니다. 하나님이 우리를 향해 화낼 가치가 과연 우리에게 있기나 합니까? 우리는 우리와 상관없는 사람에게 화내지 않습니다. 웃고 고소하면 됩니다. 화를 내는 일은 특별한 관계에서만 일어납니다.

우리의 자랑이 어디 있는가, 묻고 있습니다. 말하자면 우리는 이 세상에서 하나님의 제사장 된 자들입니다. 우리가 사는 사회와 시대 앞에서 하나님이 누구신지를 아는 자로, 세상의 것이 유일한 목표인 사람들 앞에 세상과는 다른 존재로 사는 것입니다. 거룩한 사람, 하나님에게 속한 자로 삽니다. 이것이 순종입니다. 이 순종을 놓치고 이를 다만 무거운 짐으로만 알면, 우리의 이 고통스러운 신앙 현실을 설명할 다른 방법이 없습니다.

우리에게 순종을 요구하시는 하나님은 이런 하나님이라고 성경은 분명하게 가르치는데, 미스바 사건이나 다볼 사건에서 보듯이 우리는 늘 어디로 갑니까? 정치적 성공, 군사적 승리, 그래서 생긴 경제적 사회적 풍요 같은 것만 추구하기 때문에 하나님이 우리를 밀치시는 것입니다. 그래서 음행했다고 책망하시는 것입니다. 특별히 잘못해서가 아니라 하나님을 믿고 풍요로운 삶을 즐긴 것뿐인데 남편이신 하나님은 이를 참을 수가 없습니다.

어떤 부부가 살림이 좀 어려워져서 부인이 잠깐 친정에 가 있는데 헤어져 있는 것이 그렇게 잠깐 떨어져 있게 된 이유보다 더 고통스러워서 다시 합치게 되었다고 해 봅시다. 그런데 헤어져 있었더니 부인이 훨씬 평안하다고 느꼈다면 큰일입니다. 그러면 남편이 가서 죽일지 몰라요. 정말 사랑하면 그렇습니다. 하나님이 밤중에 와서 우리를 죽일지도 모릅니다. 무시무시한 하나님이십니다. 이것이 하나님이 우리에게 누구시냐, 우리에게 무엇을 요구하시느냐, 하는 문제입니다. 하나님의 사랑과 하나님이 나의 하나님이심을 고백하는 이 자리에 한발 더 깊이 들어오기 바랍니다.

기도

하나님 아버지, 은혜를 감사합니다. 하나님은 우리의 하나님입니다. 하나님은 우리의 모든 것이며 우리를 사랑하는 유일한 분이며 우리 영광이시며 거룩하신 우리 아버지이십니다. 이 사실을 놓치고 하나님 외에 다른 곳에 가서 앉아 있지 말며 다른 것으로 하나님을 대신하지 말도록 우리에게 허락한 믿음으로 우리 인생을 지켜 주시옵소서. 예수님 이름으로 기도합니다. 아멘.

8

나와 함께 행하라

¹오라 우리가 여호와께로 돌아가자 여호와께서 우리를 찢으셨으나 도로 낫게 하실 것이요 우리를 치셨으나 싸매어 주실 것임이라 ²여호와께서 이틀 후에 우리를 살리시며 셋째 날에 우리를 일으키시리니 우리가 그의 앞에서 살리라 ³그러므로 우리가 여호와를 알자 힘써 여호와를 알자 그의 나타나심은 새벽 빛 같이 어김없나니 비와 같이, 땅을 적시는 늦은 비와 같이 우리에게 임하시리라 하니라 ⁴에브라임아 내가 네게 어떻게 하랴 유다야 내가 네게 어떻게 하랴 너희의 인애가 아침 구름이나 쉬 없어지는 이슬 같도다 ⁵그러므로 내가 선지자들로 그들을 치고 내 입의 말로 그들을 죽였노니 내 심판은 빛처럼 나오느니라 ⁶나는 인애를 원하고 제사를 원하지 아니하며 번제보다 하나님을 아는 것을 원하노라 ⁷그들은 아담처럼 언약을 어기고 거기에서 나를 반역하였느니라 ⁸길르앗은 악을 행하는 자의 고을이라 피 발자국으로 가득 찼도다 ⁹강도 떼가 사람을 기다림 같이 제사장의 무리가 세겜 길에서 살인하니 그들이 사악을 행하였느니라 ¹⁰내가 이스라엘 집에서 가증한 일을 보았나니 거기서 에브라임은 음행하였고 이스라엘은 더럽혀졌느니라 ¹¹또한 유다여 내가 내 백성의 사로잡힘을 돌이킬 때에 네게도 추수할 일을 정하였느니라

(호 6:1-11)

본문은 하나님의 신실하심에 근거하여 이스라엘의 회개를 촉구하는 내용입니다. 여호와께로 돌아가자고 부르짖는 호세아 선지자의 애타는 호소가 등장합니다.

하나님의 신실하심과 인자하심이 결국 이스라엘을 고치며 그들을 정당하게 회복시킬 것입니다. 그러나 4절 이하를 보면, 하나님이 더 심히 꾸짖으시는 것을 알 수 있습니다. 7절에서 11절까지에는 이스라엘이 하나님 앞에 얼마나 불성실하며 책망받아 마땅한 여러 잘못을 행했는지 능히 상상할 수 있는 지적이 나옵니다. 하지만 묘하게도 이 지적은 4절에서 6절까지 나온 하나님이 이스라엘 백성의 잘못을 들추어내는 핵심 단어와 일치하는 것 같아 보이지는 않습니다. 예를 들어, 이스라엘의 잘못을 꾸짖으려면 "회개하라. 거룩하게 살라. 의롭게 살라"라고 요구해야 맞을 텐데, 4절과 6절에서는 "너희 인애가 쉬이 없어진다. 너희 인애가 성실하지 않고 충분하지 않다. 나는 인애를 원하고 제사를 원하지 아니하며 번제보다 하나님을 아는 것을 원한다"라고 하여 우리가 보기에는 이스라엘이 도덕적이고 종교적인데 하나님은 뜻밖의 단어로 지적하시는 것같이 보입니다.

그러면서 하나님은 그들의 인애가 부족하며 충실하지 못하다는 지적을 하나님을 아는 것과 제사를 대조하여 언급하십니다. 따라서 이스라엘과 유다의 본질적 잘못이 무엇이며, 하나님은 지금 어떤 문제를 특히 부각하시는지 추적할 필요가 있습니다. 이사야 1장에 가 봅시다.

너희 소돔의 관원들아 여호와의 말씀을 들을지어다 너희 고모라의 백성아 우리 하나님의 법에 귀를 기울일지어다 여호와께서 말씀하시되 너희의 무수한 제물이 내게 무엇이 유익하뇨 나는 숫양의 번제와 살진 짐승의 기름에 배불렀고 나는 수송아지나 어린 양이나 숫염소의 피를 기뻐하지 아니하노라 너희가 내 앞에 보이러 오니 이것을 누가 너희에게 요구하였느냐 내 마당만 밟을 뿐이니라 헛된 제물을 다시 가져오지 말라 분향은 내가 가증히 여기는 바요 월삭과 안식일과 대회로 모이는 것도 그러하니 성회와 아울러 악을 행하는 것을 내가 견디지 못하겠노라 내 마음이 너희의 월삭과 정한 절기를 싫어하나니 그것이 내게 무거운 짐이라 내가 지기에 곤비하였느니라 너희가 손을 펼 때에 내가 내 눈을 너희에게서 가리고 너희가 많이 기도할지라도 내가 듣지 아니하리니 이는 너희의 손에 피가 가득함이라 너희는 스스로 씻으며 스스로 깨끗하게 하여 내 목전에서 너희 악한 행실을 버리며 행악을 그치고 선행을 배우며 정의를 구하며 학대 받는 자를 도와 주며 고아를 위하여 신원하며 과부를 위하여 변호하라 하셨느니라 (사 1:10-17)

형식에 그치는 제사로는 하나님을 만족시키지 못하며 제사는 선행과 정의와 구제로 확대되어야 한다는 지적입니다. 이러한 실천 없이 다만 몇 가지 종교 행위로 신앙을 대체할 수는 없다, 신앙이란 피상적일 수 없다, 한 사람의 인격과 삶의 실천에까지 실제로 이어지지 않는 신앙이라면 진정한 신앙일 수 없다, 이렇게 지적하는 내용입니다. 기독교 신앙인이라면 누구나 다 이해하는 내용일 것입니다.

그런데 여기 제사와 번제를 드리는 일과 선행과 정의와 구제를 추구하는 일이 어떻게 구별되어 있습니까? 우리는 기본적으로 하나는 어떤 명분에 불과하고, 다른 하나는 실천에 속하는 일이라고 생각하여 이 둘을 구별합니다. 명분과 실천 사이의 괴리와 단절쯤으로 이해하여, 허울만 좋고 실제 내용은 그렇지 않은 것이라고 쉽게 생각하는데 사실 더 깊은 내용이 들어 있습니다. 아모스 5장을 봅시다.

내가 너희 절기들을 미워하여 멸시하며 너희 성회들을 기뻐하지 아니하나니 너희가 내게 번제나 소제를 드릴지라도 내가 받지 아니할 것이요 너희의 살진 희생의 화목제도 내가 돌아보지 아니하리라 네 노랫소리를 내 앞에서 그칠지어다 네 비파 소리도 내가 듣지 아니하리라 오직 정의를 물 같이, 공의를 마르지 않는 강 같이 흐르게 할지어다 (암 5:21-24)

이사야 본문이나 아모스 본문을 읽으니 명분과 실천의 구별이 조금 더 분명해졌습니다. 이사야 1장에서 '헛된 제사를 드리지 말고 정의를 실천해라'를 보았다면, 아모스 5장에서는 '정의를 물 같이, 공의를 마르지 않는 강 같이 흐르게 하라. 그렇지 않으면 너희 번제와 소제를 받지 않겠다'라고 합니다. 이사야에 나온 말씀이 아모스에게도 동일하게 등장한 것처럼 보입니다. 그런데 호세아 본문에는 더 깊이 이해해야 할 요소가 하나 있습니다. 바로 호세아 6장에 나온 '인애'입니다. 인애란 하나님의 언약의 성실성에 관한 것입니다. 하나님의 언약의 성실함이란, 언약에 나타난 하나님의 긍휼과 자비의 속성을 의미합니다. 출애굽기 3장에 가 봅시다.

모세가 하나님께 아뢰되 내가 이스라엘 자손에게 가서 이르기를 너희의 조상의 하나님이 나를 너희에게 보내셨다 하면 그들이 내게 묻기를 그의 이름이 무엇이냐 하리니 내가 무엇이라고 그들에게 말하리이까 하나님이 모세에게 이르시되 나는 스스로 있는 자이니라 또 이르시되 너는 이스라엘 자손에게 이같이 이르기를 스스로 있는 자가 나를 너희에게 보내셨다 하라 하나님이 또 모세에게 이르시되 너는 이스라엘 자손에게 이같이 이르기를 너희 조상의 하나님 여호와 곧 아브라함의 하나님, 이삭의 하나님, 야곱의 하나님께서 나를 너희에게 보내셨다 하라 이는 나의 영원한 이름이요 대대로 기억할 나의 칭호니라 (출 3:13-15)

하나님이 모세를 불러 이스라엘 백성을 애굽에서 구출하겠다고 하십니다. 모세가 "나를 보내신 분이 누구인지 백성에게 말해야 하니 이름을 가르쳐 주십시오"라고 하자 하나님은 "나는 스스로 있는 자니라"라고 말씀하십니다.

언젠가 이 부분을 이렇게 설명해 드린 적이 있습니다. 하나님이 "나는 스스로 있는 자니"라고 하신 것은 "나는 늘 나인 하나님이라"라는 뜻입니다. "나는 늘 나다"라는 구절을 영어로 번역하면 "I am that I am"입니다. 이해하기 쉽게 풀어 보자면, "나는 나이기를 중지할 수 없는 나다"입니다. 이 말은 우리가 자주 쓰면서도 잘 이해하지 못하는 표현인 '지금도 살아 계셔서 역사하시는 하나님'과 같은 의미입니다. 하나님을 '지금도 살아 계셔서'라고 형용하면, 모르는 사람이 듣기에는 '하나님이 아직 안 죽고 살아 있나?'라고 생각할 수 있는데, 그 의미는 사실 심오합니다. '살아 계신 하나님'이란 하나님은 하나님으로서 존재하고 계시는 분이라는 의미입니다. 하나님은 하나님이시기를 중단하거나 외면하거나 번복함이 없이 존재하는 하나님이십니다. 그런데 이 하나님의 존재하심을 표현한, '나는 늘 나다'에서 '나'는 어떤 '나'입니까? 이는 바로 '아브라함과 이삭과 야곱의 하나님으로서 언제나 나인 하나님'인 것입니다. 아브라함에게 "내가 네게 복을 주어 네 이름을 창대케 하리니 너는 복이 될지라. 너를 축복하는 자에게는 복을 내리고 너를 저주하는 자에게는 저주하리라"라고 하신 하나님입니다. 아무 이유나 조건이나 공로가 없는 아브라함에게 약속하신 하나님인 것입니다.

조금 전에 '인애'라는 말이 '하나님의 언약의 성실성'을 가리키는 표현이라고 설명해 드렸습니다. 하나님의 언약의 성실성이란 약속한 것을 지키시는 하나님의 속성인데, 이 약속은 은혜로운 약속입니다. 바로 "나는 너희 하나님이 되고 너희는 나의 백성이 될 것이다"라는 말과 같은 약속입니다. 하나님이 우리의 하나님이 되어 주시는 것은 상상할 수 없는 영광이고 복입니다. 인애란 예수 그리스도의 오심과 수난과 부활에서 본 것처럼, 하나님이 자기 아들을 보내셔서 우리에게 약속한 것을 지키시는 하나님의 진실하심을 의미합니다. '인애를 원한다'라는 말은 바로 이런 뜻입니다.

또한 '정의'가 등장합니다. 하나님 앞에 나와 번제를 드리고 제사를 지내고 기도한다면, 하나님이 누구신지를 아는 것이 제사와 기도의 본질이 되어야 한다는 의미에서 등장한 것입니다. 미가서 6장을 보겠습니다.

내가 무엇을 가지고 여호와 앞에 나아가며 높으신 하나님께 경배할까
내가 번제물로 일 년 된 송아지를 가지고 그 앞에 나아갈까 여호와께서
천천의 숫양이나 만만의 강물 같은 기름을 기뻐하실까 내 허물을 위하
여 내 맏아들을, 내 영혼의 죄로 말미암아 내 몸의 열매를 드릴까 사람
아 주께서 선한 것이 무엇임을 네게 보이셨나니 여호와께서 네게 구하
시는 것은 오직 정의를 행하며 인자를 사랑하며 겸손하게 네 하나님과
함께 행하는 것이 아니냐 (미 6:6-8)

미가서 본문의 중요성은 이것입니다. 보통 우리는 신앙이란, 정결해지는 것이라고 생각하여 '거룩함'이라는 말을 도덕적 차원에서의 정결함 곧 도덕성으로 이해하곤 합니다. 물론 도덕성은 분명히 기독교 신앙의 중요한 본질 중 하나입니다. 그런데 이 본질은 바로 하나님의 거룩하심에 근거하여 요구되는 정결입니다. 따라서 정결함이란 다만 깨끗함이나 흠 없음이라는 소극적 개념보다 더 크게, 그런 도덕성이 당연히 요구되는 본질로서 하나님을 알며 그 하나님을 닮으라는 것입니다. 이것이 '정의'입니다.

정의란 '옳게 되자'라는 것인데, 흔히 '정의 사회 구현'이라고 하면 악당들을 다 죽여 없애는 사회를 생각하기 쉽습니다. 부정부패, 사리사욕, 불법이나 압제와 같은 흠을 없애고 불순물을 제거하여 만드는 정결한 사회 같은 모습으로 정의 사회를 생각합니다. 그래서 공격적입니다. 정의 사회를 구현하기 위해 혈서를 씁니다.

그러나 성경에서 말하는 정의 사회란 불의를 저지르는 각각에게 하나님을 닮으라고 하여 만들어 가는 사회입니다. 잘못된 자를 제거해서 정결해지는 사회가 아닙니다. 종교 행위, 구호나 명분으로서가 아니라 각자가 하나님으로 말미암아 인애를 알고 하나님을 닮은 자가 되어 자신이 만들어 내던 죄악을 스스로 멈추어 인애를 만들어 내는 사회, 거기서 정의가 등장하는 것입니다. "너희가 나한테 나와 제사를 드리고 예배하는데, 도대체 나를 하나님으로서 대접하는 진정한 본질이 어디 있느냐?"라는 지적이 "너희는 하나님을 모른다. 너희는 불의를 행하고 있다"라는 말로 나오는 것입니다.

신앙이란 결국 하나님이 없으면 만들어 낼 수 없는 공의를 하나님과 함께 행하는 것을 말합니다. 왜냐하면 공의와 자비는 하나님에게서만 나오기 때문입니다. 우리가 하나님을 알고 그분을 닮아야 비로소 자비와 긍휼을 갖게 되는데 그렇지 않은 우리의 죄성으로는 약탈과 살인과 기만밖에 만들 수 없으므로 정의를 시행할 수도 정의 사회를 만들 수도 없는 것입니다. 공권력을 명분으로 내세우거나 공권력을 갖고서 누구를 공격해야 정의가 구현되는 것이 아닙니다. 정의는 우리가 하나님을 알고 하나님을 닮고 하나님을 아버지라 부르는 그 부름에 합당한 자녀가 되는 인격과 성품의 문제라는 것을 이해해야 합니다. 하지만 이렇게 해서 문제가 해결될까요? 이 질문에 대해 성경이 제시하는 답을 봅시다. 답은 예수 그리스도입니다. 이 답에 항복해야 합니다. 로마서 3장을 같이 봅시다.

우리가 알거니와 무릇 율법이 말하는 바는 율법 아래에 있는 자들에게 말하는 것이니 이는 모든 입을 막고 온 세상으로 하나님의 심판 아래에 있게 하려 함이라 그러므로 율법의 행위로 그의 앞에 의롭다 하심을 얻을 육체가 없나니 율법으로는 죄를 깨달음이니라 이제는 율법 외에 하나님의 한 의가 나타났으니 율법과 선지자들에게 증거를 받은 것이라 곧 예수 그리스도를 믿음으로 말미암아 모든 믿는 자에게 미치는 하나님의 의니 차별이 없느니라 모든 사람이 죄를 범하였으매 하나님의 영광에 이르지 못하더니 그리스도 예수 안에 있는 속량으로 말미암아 하나님의 은혜로 값 없이 의롭다 하심을 얻은 자 되었느니라 이 예수를 하나님이 그의 피로써 믿음으로 말미암는 화목제물로 세우셨으니 이는 하나님께서 길이 참으시는 중에 전에 지은 죄를 간과하심으로 자기의 의로우심을 나타내려 하심이니 곧 이 때에 자기의 의로우심을 나타내사 자기도 의로우시며 또한 예수 믿는 자를 의롭다 하려 하심이라 (롬 3:19-26)

율법 아래에 있다는 것은 원인과 결과의 법칙 아래에 있다는 뜻입니다. 따라서 규칙을 지키는 일은 우리가 최선을 다하고 우리가 원인이 되어 그 결과를 얻어야 가능한 것인데, 사실 인간은 이 결과를 얻을 원인을 충분히 갖고 있지 못합니다. 왜냐하면 우리는 하나님이 아니기 때문입니다. 하나님만이 자비로우시고 은혜로우시며 창조하실 수 있기에 의와 거룩함을 만드실 수 있는 것입니다. 우리는 의나 거룩함을 만들 수 없습니다. 규칙이나 법, 명분이나 책임은 우리로 하여금 무엇이 옳은지를 알게 해 주지만 그것을 결과로 낳는 능력까지 제공하지는 않습니다. 우리에게 이런 능력은 없습니다. 따라서 다음과 같은 말씀이 이어집니다.

그러므로 율법의 행위로 그의 앞에 의롭다 하심을 얻을 육체가 없나니 율법으로는 죄를 깨달음이니라 (롬 3:20)

'율법으로는 죄를 깨달음이니라'라는 말은 우리가 이 일에 무력하다는 사실을 깨닫는다는 의미입니다. 그래서 어떻게 되었습니까? 21절이 중요합니다.

이제는 율법 외에 하나님의 한 의가 나타났으니 율법과 선지자들에게 증거를 받은 것이라 (롬 3:21)

율법 외에 나타난 한 의, 율법과 선지자에게 증거를 받은 것, 바로 호세아 6장의 내용입니다. 하나님은 우리가 번제나 제사를 드리는 것보다 인애를 배우고 하나님을 알기 원하십니다. 우리가 제사를 드리고 제물을 바칠 수는 있지만 그것이 우리를 거룩하게 하거나 의롭게 하지 못합니다. 자비와 긍휼을 창조하고 산출할 능력이 우리 자신에게는 없기 때문입니다. 그것은 하나님에게만 있습니다. 하나님께로부터 이 은혜를 받아 하나님의 백성으로 부름 받은 자의 특권을 허락받기 전에는 우리는 누구를 용서할 수도 없습니다. 그래서 하나님은 어떻게 하십니까? 우리가 의와 긍휼과 자비를 만들어 낼 능력이 없기 때문에 예수를 보내십니다. 그렇다면 예수로 말미암은 구원이란 무엇입니까? 하나님만이 가지신 사랑과 긍휼과 자비와 거룩함과 용서와 부활의 능력을 예수로 말미암아 우리에게 심는 것이 구원입니다. 예수 안에 부름을 받아 이 일이 이루어집니다. 다만 피조물에 불과한 우리라는 존재가 하나님의 능력과 성품의 초청을 받아 그의 자녀로 들어오는 유일한 길인 것입니다. 23절을 보겠습니다.

모든 사람이 죄를 범하였으매 하나님의 영광에 이르지 못하더니 (롬 3:23)

하나님이 요구하시는 신적 차원의 부름을 우리가 만들어 내지 못합니다.

그리스도 예수 안에 있는 속량으로 말미암아 하나님의 은혜로 값 없이 의롭다 하심을 얻은 자 되었느니라 (롬 3:24)

그리스도의 속량으로 말미암아 의로운 자가 됩니다. 하박국 2장에 있는 대로 의인은 믿음으로 말미암아 삽니다. 믿음은 율법과 대비되는 단어입니다. 율법이 인과법칙을 이야기한다면 믿음은 하나님의 은혜의 법칙을 말하는 대표 단어입니다. 의인은 하나님의 성품을 이어받는 믿음으로, 또한 하나님이 허락하시는 것으로 존재하며 책임지는 능력을 소유하게 됩니다. 이어서 25절을 봅시다.

이 예수를 하나님이 그의 피로써 믿음으로 말미암는 화목제물로 세우셨으니 이는 하나님께서 길이 참으시는 중에 전에 지은 죄를 간과하심으로 자기의 의로우심을 나타내려 하심이니 (롬 3:25)

길이 참으시고 용서하시는 것은 하나님에게만 있는 의입니다. 이 의는 흐지부지하게 넘어가 주려고 오래 참아 주시는 것이 아닙니다. 결국 우리를 심판하고 벌하기 위해 의를 발동하시는 정도를 넘어, 길이 참아 당신의 의로우심으로 우리를 의롭게 만들어 예수 안에서 허락하시는 것이 바로 이 의입니다. 26절 이하를 봅시다.

곧 이 때에 자기의 의로우심을 나타내사 자기도 의로우시며 또한 예수 믿는 자를 의롭다 하려 하심이라 그런즉 자랑할 데가 어디냐 있을 수가 없느니라 무슨 법으로냐 행위로냐 아니라 오직 믿음의 법으로니라 그러므로 사람이 의롭다 하심을 얻는 것은 율법의 행위에 있지 않고 믿음으로 되는 줄 우리가 인정하노라 하나님은 다만 유대인의 하나님이시냐 또한 이방인의 하나님은 아니시냐 진실로 이방인의 하나님도 되시느니라 할례자도 믿음으로 말미암아 또한 무할례자도 믿음으로 말미암아 의롭다 하실 하나님은 한 분이시니라 그런즉 우리가 믿음으로 말미암아 율법을 파기하느냐 그럴 수 없느니라 도리어 율법을 굳게 세우느니라 (롬 3:26-31)

비로소 정의가 실현됩니다. 율법을 지킬 것을 요구하여 율법이 만족되는 것이 아니라 하나님의 자비와 인애에 참여하고 그 부르심을 받아 율법을 지킬 수 있는 능력과 신의 성품을 부여받는 것입니다.

이것이 호세아 6장에서 하는 이야기입니다. 이스라엘아, 너희가 어디서 틀렸는지 아느냐, 나를 섬기는 것은 다만 규칙의 문제나 정성의 문제가 아니다, 바로 나를 아는 문제다, 나의 성품에 참여하는 문제다, 나는 너희가 제사를 드리기보다 인애를 알기 원하고 나를 알기 원한다, 너희가 나를 안다면 정의 사회가 구현될 것이다, 나를 안다면 네 자신이 이웃을 해하려 하지 않을 것이고 오히려 이웃을 위하여 용서하며 참아주는 긍휼과 자비의 성품을 가지게 될 것이다, 그때 비로소 너희는 나의 참다운 백성으로 존재하고 살아가게 될 것이다. 이것이 본문 말씀입니다.

이스라엘의 실패는 인간 본성의 실패로, 늘 반복되어 왔습니다. 종교를 하나의 법칙과 명분으로 치부하여 진정한 변화를 거부하며 하나님의 자녀라는 이름으로 살아갈 능력을 외면해 온 실패입니다. 이는 참으로 부끄러운 삶이며 손해인 삶입니다. 하나님을 아버지라 부르는 신앙을 가지는 것은 세상이 줄 수 없는 의, 자비, 긍휼, 영광으로의 부르심입니다. 이는 신자만이 가지는 예수 안에서 허락된 기적이며 큰 영예입니다. 이를 기억하는 우리의 신앙이기를 바랍니다.

기도

하나님 아버지, 은혜를 감사합니다. 우리의 믿음과 고백과 소원을 이제 말씀으로 비추어 봅니다. 우리의 진심과 기대가 무너지는 이유가 무엇인지, 예수를 믿는다는 고백이 가지는 신비와 능력과 기적이 무엇인지 다시 생각해 봅니다. 우리가 혹 믿음을 근거로 하여 섣부른 기대를 한 것은 아닌지, 그 자랑과 확인이 우리 하나님이 그 아들을 보내신 긍휼과 자비와 용서에 참여하는 것이 아닌 또 다른 자기 증명이 아니었는지, 메마른 실천에 불과한 것은 아니었는지, 그래서 감사와 용서가 부족한 가난한 인생을 살아왔던 것은 아닌지 돌아봅니다.

호세아 6장 말씀이 우리에게 하신 경고가 아니라 우리에게 허락된 구원의 진정한 복과 감격을 위하여 하나님이 이 말씀을 주신 줄 아는 깨달음이 있게 하사 우리의 믿음과 고백과 신자 된 인생이 참으로 풍성하게 하옵소서. 승리하게 하옵소서. 넉넉하게 하옵소서. 우리가 있는 곳이 하나님을 아는 지식과 영향을 끼치는 삶의 현장이 되게 하옵소서. 예수님 이름으로 기도합니다. 아멘.

9
그릇 갔음이라 나를 떠나

¹내가 이스라엘을 치료하려 할 때에 에브라임의 죄와 사마리아의 악이 드러나도다 그들은 거짓을 행하며 안으로 들어가 도둑질하고 밖으로 떼 지어 노략질하며 ²내가 모든 악을 기억하였음을 그들이 마음에 생각하지 아니하거니와 이제 그들의 행위가 그들을 에워싸고 내 얼굴 앞에 있도다 ³그들이 그 악으로 왕을, 그 거짓말로 지도자들을 기쁘게 하도다 ⁴그들은 다 간음하는 자라 과자 만드는 자에 의해 달궈진 화덕과 같도다 그가 반죽을 뭉침으로 발효되기까지만 불 일으키기를 그칠 뿐이니라 ⁵우리 왕의 날에 지도자들은 술의 뜨거움으로 병이 나며 왕은 오만한 자들과 더불어 악수하는도다 ⁶그들이 가까이 올 때에 그들의 마음은 간교하여 화덕 같으니 그들의 분노는 밤새도록 자고 아침에 피우는 불꽃 같도다 ⁷그들이 다 화덕 같이 뜨거워져서 그 재판장들을 삼키며 그들의 왕들을 다 엎드러지게 하며 그들 중에는 내게 부르짖는 자가 하나도 없도다 ⁸에브라임이 여러 민족 가운데에 혼합되니 그는 곧 뒤집지 않은 전병이로다 ⁹이방인들이 그의 힘을 삼켰으나 알지 못하고 백발이 무성할지라도 알지 못하는도다 ¹⁰이스라엘의 교만은 그 얼굴에 드러났나

니 그들이 이 모든 일을 당하여도 그들의 하나님 여호와께로 돌아오지 아니하며 구하지 아니하도다 [11]에브라임은 어리석은 비둘기 같이 지혜가 없어서 애굽을 향하여 부르짖으며 앗수르로 가는도다 [12]그들이 갈 때에 내가 나의 그물을 그 위에 쳐서 공중의 새처럼 떨어뜨리고 전에 그 회중에 들려 준 대로 그들을 징계하리라 [13]화 있을진저 그들이 나를 떠나 그릇 갔음이니라 패망할진저 그들이 내게 범죄하였음이니라 내가 그들을 건져 주려 하나 그들이 나를 거슬러 거짓을 말하고 [14]성심으로 나를 부르지 아니하였으며 오직 침상에서 슬피 부르짖으며 곡식과 새 포도주로 말미암아 모이며 나를 거역하는도다 [15]내가 그들 팔을 연습시켜 힘 있게 하였으나 [16]그들은 내게 대하여 악을 꾀하는도다 그들은 돌아오나 높으신 자에게로 돌아오지 아니하니 속이는 활과 같으며 그들의 지도자들은 그 혀의 거친 말로 말미암아 칼에 엎드러지리니 이것이 애굽 땅에서 조롱거리가 되리라 (호 7:1-16)

본문은 호세아 선지자 당시, 북 왕조 이스라엘의 정치 현실을 설명하고 있습니다. 호세아 선지자가 활동한 시기는 기원전 750년쯤부터 북 왕조 이스라엘이 망한 기원전 722년까지 약 30년 동안이며 이 기간에는 여섯 왕이 통치했습니다. 이때의 정치 상황은 극심한 혼란기로, 한 달 만에 죽은 왕이 있었는가 하면 어떤 왕은 여섯 달 만에 죽기도 했습니다. 마지막 왕은 호세아 왕이며, 이 왕 바로 앞이 베가입니다.

당시는 앗수르 제국이 한참 맹위를 떨칠 때였고, 이스라엘의 왕 베가는 앗수르를 대적하기 위해서 아람과 연맹하여 반 앗수르 동맹을 맺었는데, 바로 이런 상황으로 말미암아 정치적 혼란은 극에 달하였습니다. 이 동맹에 유다도 참여시키기로 하였으나 유다가 말을 듣지 않아 북 이스라엘과 남 유다 사이에도 전쟁이 일어납니다.

그러나 이 일로 말미암아 앗수르가 북 왕조 이스라엘을 쳐 베가를 왕위에서 내쫓자 마지막 왕 호세아가 들어섭니다. 호세아 왕은 처음에는 앗수르의 지원을 업고 왕 노릇을 했는데 나중에 앗수르를 배반하여 애굽의 도움을 받으려고 정책을 바꾸다가 바람에 결국 북 왕조 이스라엘은 다 멸망하게 됩니다. 3절에 나온 '그들이 그 악으로 왕을, 그 거짓말로 지도자를 기쁘게 하도다'라는 말씀은 반역하여 정권을 뒤엎은 자들이 새로운 왕을 축하하며 고위 집권층에 있는 사람들을 기쁘게 한 일을 가리킵니다. 서로 칭찬하고 서로 자랑하는 장면을 이같이 꼬집고 있습니다.

그들은 다 간음하는 자라 과자 만드는 자에 의해 달궈진 화덕과 같도다 그가 반죽을 뭉침으로 발효되기까지만 불 일으키기를 그칠 뿐이니라
(호 7:4)

그들이 저지른 부도덕, 배신, 폭력은 우발적으로 나온 것이 아니라 잠재되어 있던 저들의 죄성이 기회를 타서 밖으로 쏟아져 나온 것이라고 합니다. 그것이 왜 잘못일까요? 하나님을 의지하거나 하나님의 뜻을 묻지 않고 오직 정치권력의 싸움으로만 내달렸기 때문입니다.

북 왕조 이스라엘이나 남 왕조 유다는 다 하나님의 백성

이요, 하나님의 나라로서 신정정치를 근간으로 하는 국가입니다. 이스라엘 백성이 된다는 것은 하나님의 통치를 받는 백성이 되며 하나님을 섬기고 순종하는 백성이 된다는 의미입니다. 저들의 힘은 하나님에게서 나오고 저들의 책임은 하나님을 향하여 있는 것입니다. 그러나 긴박한 국제 정세 속에서 북 왕조 이스라엘은 이제 하나님을 저들의 힘의 근원과 복의 내용으로 삼는 것을 외면하고 오직 정치력으로 당면 과제를 해결하려고 합니다. 마찬가지로 국내 문제도 힘으로만 풀려고 합니다. 6절부터 보겠습니다.

그들의 분노는 밤새도록 자고 아침에 피우는 불꽃 같도다 그들이 다 화덕 같이 뜨거워져서 그 재판장들을 삼키며 그들의 왕들을 다 엎드러지게 하며 그들 중에는 내게 부르짖는 자가 하나도 없도다 (호 7:6하-7)

오직 권력과 힘으로 현실을 해결하려는 생각만 있을 뿐, 하나님에게 뜻을 물으러 오는 자나 하나님을 두려워하고 하나님을 의식하는 자는 없다는 꾸짖음이 나옵니다. 8절 이하를 봅시다.

에브라임이 여러 민족 가운데에 혼합되니 그는 곧 뒤집지 않은 전병이로다 이방인들이 그의 힘을 삼켰으나 알지 못하고 백발이 무성할지라도 알지 못하는도다 이스라엘의 교만은 그 얼굴에 드러났나니 그들이 이 모든 일을 당하여도 그들의 하나님 여호와께로 돌아오지 아니하며 구하지 아니하도다 에브라임은 어리석은 비둘기 같이 지혜가 없어서 애굽을 향하여 부르짖으며 앗수르로 가는도다 그들이 갈 때에 내가 나의 그물을 그 위에 쳐서 공중의 새처럼 떨어뜨리고 전에 그 회중에 들려 준 대로 그들을 징계하리라 (호 7:8-12)

에브라임은 북 왕조를 가리키는 다른 표현인데, 저들은 '뒤집지 않은 전병'과 같다고 합니다. 한쪽은 타고 다른 한쪽은 익지 않은 전병에 비유하여 그들의 세속성과 종교적 위선을 폭로하고 있습니다. 세상 권력에 대해서는 타도록 심취하면서 하나님을 향해서는 전혀 익지 않는 모습을 비유한 것입니다.

9절에서는 '이방인들이 그의 힘을 삼켰으나 알지 못하고 있는 에브라임의 무감각을, 11절에서는 '어리석은 비둘기 같이 지혜가 없어서 애굽을 향하여 부르짖으며 앗수르로 가는' 에브라임의 미련한 행보를 지적합니다. 베가 왕이 앗수르를 대적하기 위하여 아람과 동맹을 맺고 마지막 왕인 호세아는 앗수르의 지원을 받아 왕권을 차지하지만 결국 그도 애굽에 도움을 청하여 멸망을 자초하는데, 이는 국제적 역학관계에서 나온 결과가 아니라 하나님을 버렸기 때문에 처하게 된 멸망이라고 꼬집습니다. 13절 이하를 보겠습니다.

화 있을진저 그들이 나를 떠나 그릇 갔음이니라 패망할진저 그들이 내게 범죄하였음이니라 내가 그들을 건져 주려 하나 그들이 나를 거슬러 거짓을 말하고 성심으로 나를 부르지 아니하였으며 오직 침상에서 슬피 부르짖으며 곡식과 새 포도주로 말미암아 모이며 나를 거역하는도다 내가 그들 팔을 연습시켜 힘 있게 하였으나 그들은 내게 대하여 악을 꾀하는도다 그들은 돌아오나 높으신 자에게로 돌아오지 아니하니 속이는 활과 같으며 그들의 지도자들은 그 혀의 거친 말로 말미암아 칼에 엎드러지리니 이것이 애굽 땅에서 조롱거리가 되리라 (호 7:13-16)

이스라엘은 그들이 바라는 평화, 안정, 승리, 행복을 얻기 위하여 하나님에게 나아가지 않습니다. 거짓에 자신을 팔며 스스로 속이고 또 속습니다. 14절에서 보는 바와 같이 '성심으로 나를 부르지 아니하였으며 오직 침상에서 슬피 부르짖으며 곡식과 새 포도주로 말미암아 모이며 나를 거역'한다고 합니다. 충분히 이해할 만한 구절입니다. 오직 눈앞에 보이는 이해관계와 피상적이고 가치 없는 욕심에 자신을 스스로 팔다가 하나님 앞에 심한 꾸중을 듣고 결국 멸망합니다.

당시 이스라엘의 정치와 국제관계 현실을 현재 우리도 비슷하게 경험하고 있습니다. 그때 북 왕조 이스라엘이 이 문제를 어떻게 풀어야 했는지에 대한 답이 여기 나옵니다. 이스라엘은 신정국가입니다. 곧 하나님의 나라, 하나님의 백성이므로 이 문제를 정치력으로 해결하는 것이 아니라 신앙으로 풀어야 했던 것입니다.

신약시대에서는 이스라엘을 계승하는 것이 교회이지 국가가 아닙니다. 그러니 지금 국가에 대하여 "뭐하고 있느냐? 다 모여서 기도하자"라고 이야기하는 것은 역할에 대한 이해가 참으로 부족한 것이라 할 수 있습니다.

국가나 세상 정부는 힘의 논리 말고는 알지 못합니다. 힘의 논리 이외에 기준을 하나 더할 수 있다면 도덕성을 더할 수 있을 뿐입니다. 따라서 이 책임은 고스란히 교회의 것입니다. 당시 이스라엘이 직면했던 정치 현실과 국제 정황 속에서 저들이 저지른 잘못에 대하여 오늘을 사는 우리는 교회의 책임으로 이 문제를 이해하고 돌아보아야 합니다.

우리는 우리나라가 억울함을 당하거나 국력이 약하여 어려움을 겪게 되는 것을 원하지 않습니다. 이는 대한민국 국민으로서 당연한 반응이며 당연한 생각입니다. 하지만 교회는 다릅니다. 쉽게 말해서 우리가 한국 사람이기 때문에 한국에 대해서 갖는 우리의 관계와 책임이 당연히 있지만, 그것을 신앙이라는 이름으로 '우리나라는 특별해야 한다' 하고 갖다 붙일 수는 없는 것입니다.

그런데 이스라엘은 평생 이 실수를 합니다. 자기네의 책임이 당사자만의 문제일 뿐만 아니라 전 세계를 향한 책임이었다는 것을 끝까지 이해하지 못했습니다. 선민의식을 오해하여 하나님을 정치적 힘으로 이용하려고만 했지, 저들을 부르신 하나님의 뜻을 따르고 순종하여 그분의 통치의 신비와 위력을 열방에 증거하는 일에는 실패한 것입니다.

이는 우리에게도 늘 반복되는 현실입니다. 보이는 외부의 적 때문에 생기는 어려움만 도전이 아니고, 평화기야말로 참으로 무서운 도전의 시기입니다. 결국 신앙생활이란 우리의 머리를 누구로 삼느냐의 싸움입니다. 에베소서 4장으로 가보겠습니다.

우리가 다 하나님의 아들을 믿는 것과 아는 일에 하나가 되어 온전한 사람을 이루어 그리스도의 장성한 분량이 충만한 데까지 이르리니 이는 우리가 이제부터 어린 아이가 되지 아니하여 사람의 속임수와 간사한 유혹에 빠져 온갖 교훈의 풍조에 밀려 요동하지 않게 하려 함이라 오직 사랑 안에서 참된 것을 하여 범사에 그에게까지 자랄지라 그는 머리니 곧 그리스도라 그에게서 온 몸이 각 마디를 통하여 도움을 받음으로 연결되고 결합되어 각 지체의 분량대로 역사하여 그 몸을 자라게 하며 사랑 안에서 스스로 세우느니라 (엡 4:13-16)

예수 그리스도를 머리로 하는 몸으로 부름 받았다는 것이 예수 믿는 모든 성도가 가지는 정체성입니다. 우리는 세상 속에 살지만 하나님의 통치 아래 있는 하나님 나라의 백성입니다. 우리는 늘 우리의 환경과 조건이 보이는 세력, 보이는 법칙이라는 도전 앞에 서 있습니다. 예전에는 그것이 윤리나 명분인 때도 있었지만, 오늘날에 이르자 결국 전적으로 힘의 논리가 되고 말았습니다. 그 힘이 어느 때는 무력이거나 지식이었다가 지금은 돈이 힘인 세상입니다. 이들 모두가 무가 치하거나 잘못되었다는 말이 아닙니다. 이들은 세상이 돌아 가는 원리와 세상이 추구하는 것이 무엇인지를 보여 주는 것 으로, 예수 믿는 사람들에게는 세상과 하나님의 차이를 분명 하게 대조할 수 있는 특징이자 바뀔 수 없는 세상의 본성인 것입니다. 하나님 없는 세상은 결국 생명과 진리와 의로움을 만들어 낼 수 없으며 죽고 죽이는 일밖에는 할 수 없는 곳입 니다. 이것이 세상이 역사와 현실을 유지하는 논리입니다.

여기서 우리는 기독교 신앙인이 되는 것이 무엇인지를 다 시 확인해야 합니다. 그것은 내세로 도망가는 것도 아니며, 하나님의 이름을 주문으로 외워 현실의 고통을 면제받는 일 도 아니며, 하나님을 정치판에 불러들여 우리의 소원을 이루 어 내는 그런 싸움도 아닙니다. 영원한 나라와 영원한 통치, 그리고 진정한 해답을 알게 된 자들이 세상의 도전과 위협 앞에서 세상이 제시하는 것으로는 하나님의 백성 된 사실을 팔아넘길 수 없음을 분명히 하는 싸움입니다. 이러한 피할 수 없는 싸움에 직면해 있다는 것이 우리의 현실입니다. 앞 서 언급했듯이, 저는 우리나라가 힘이 없어서 억울함을 당하 거나 비명을 지르게 되는 일을 겪는 것을 결코 원하지 않습 니다. 그러나 이런 불행을 예방하기 위하여 예수를 믿는 것 은 아닙니다.

순교란 결심과 각오와 절규가 아니라 세상이 목숨을 요구 하면 기꺼이 바치겠다는 가장 기본적인 결정의 연장선에서 나오는 선택입니다. 나는 세상과 그 힘을 내 머리로 삼지 않고 하나님을 내 머리로 삼겠다는 선언입니다. 이는 어떤 대단한 결정만이 아니라 가장 사소하고 일상적이고 볼품없는 것에서부터의 결정이며, 더 큰 대가가 요구된다 할지라도 이 결정의 연장선에서 나는 감수할 수 있다고 결단하는 것입니다. 그것이 교회입니다. 또한 예수를 믿는다는 뜻입니다.

이 나라와 이 민족의 현실을 위하여 당연히 기도해야 하지만, 교회라는 이름으로 섣불리 "정부는 뭐하고 있는가?"라고 묻지 않는 것입니다. 물론 개인적으로 물을 수는 있습니다. 우리가 몸담은 나라와 그 결과를 나누어야 하는 일에 대하여 지도자들에게 국민으로서 불만을 터트릴 수 있고 야단칠 수 있고 슬퍼할 수 있습니다. 이는 국민 된 권리이자 책임입니다. 그러나 신앙은 다릅니다. 에베소서 말씀으로 돌아가 봅시다. 4장 13절에 나온 '우리가 다 하나님의 아들을 믿는 것과 아는 일에 하나가 되어 온전한 사람을 이루어 그리스도의 장성한 분량이 충만한 데까지' 이르는 일에서 가장 중요한 것은 그다음 절에 나온 '이제부터 어린 아이가 되지 아니하여 사람의 속임수와 간사한 유혹에 빠져 온갖 교훈의 풍조에 밀려 요동하지 않게' 되는 것입니다.

예수님은 이스라엘의 정치적 해방을 위하여 오신 분이 아닙니다. 그는 한 번도 로마 정부와 싸우지 않으셨습니다. 그는 죄와 싸우고 하나님을 모르는 불신앙과 싸우며 불쌍한 죄인들을 구원하기 위하여 십자가를 지셨습니다. 그의 시대에 그가 그런 능력과 깊은 권위를 가진 채 왜 말 없이 죽어야 했는지 아무도 이해하지 못했다고 이사야 53장은 전합니다.

우리는 현실 속에 있고 현실은 엄연한 사실입니다. 불안할 수 있고 어려울 수 있고 더 많은 것을 각오해야 할지 모르는 세상을 살고 있습니다. 여기서 결정해야 합니다. 우리가 편안해서 내어 놓는 어떤 여분이나 보험 같이 예수를 믿을 수는 없다고 성경은 말씀합니다. 골로새서 2장입니다.

아무도 꾸며낸 겸손과 천사 숭배를 이유로 너희를 정죄하지 못하게 하라 그가 그 본 것에 의지하여 그 육신의 생각을 따라 헛되이 과장하고 머리를 붙들지 아니하는지라 온 몸이 머리로 말미암아 마디와 힘줄로 공급함을 받고 연합하여 하나님이 자라게 하시므로 자라느니라 (골 2:18-19)

한국 교회는 부흥을 경험했습니다. 외적으로 성장했고 우리가 가진 진리와 생명을 자랑하며 과시할 기회를 많이 가졌습니다. 그러나 헛되이 과장하지 마십시오. 이것이 정치력으로 작용하기를 바라면 안 됩니다. 모두가 예수 믿어서 평안한 세상이 되는 것은 예수님이 다시 오시는 날까지 유보되어 있습니다. 결코 세상은 이 길에 들어서지 않습니다. 세상은 심판으로 끝이 날 것입니다. 세상은 끝까지 하나님을 거부하고 반대하며 예수 믿는 사람들을 대적할 것입니다. 필요하면 위협하고 유혹할 것입니다. 또한 속일 것입니다.

교회가 힘을 가지기를 바라는 마음에서 벗어나야 합니다. 우리의 불만과 신자로서 지닌 비판의식이 정치력과 혼동되어서는 안 됩니다. 어떤 상황이나 조건도 하나님이 누구시며 예수를 믿는 것이 무엇인가를 증명할 기회라고 믿는 신앙 속에 살아야 합니다. 우리에게 좋은 조건이란 없다, 마찬가지로 우리에게 나쁜 조건도 없다, 이 모든 것은 다 하나님이 그의 은혜와 영광을 나타내시는 손길이라고 믿는 것입니다. 그렇지 않다면 순교할 수 없습니다. 그리고 순교할 수 없다면 이는 예수 믿는 것이 아닙니다. 비장하게 각오하라는 것이 아닙니다. 세상의 길과 예수 믿는 길은 동시에 갈 수 없는 길이라는 것을 기억하라는 말씀입니다.

하나님이 한국 교회에 복을 주시고 많은 열매를 허락하시고 예수 믿는 기쁨과 자랑을 체험할 수 있게 하신 것은 감사한 일입니다. 그래서 우리는 큰소리치며 자랑하며 큰 교회를 짓고 함께 모여 많은 간증을 나눌 수 있었습니다. 이와 마찬가지로 신앙은 우리가 원하지 않는 조건과 뼈를 깎아야 하는 고통 속에서도 요구받을 수 있다는 사실을 기억해야 합니다. 그럴 수 없다면 본문에서 북 왕조 이스라엘이 멸망하는 시대와 마찬가지로 우리는 하나님을 하나님으로 이해하지 못하는 것입니다.

예수를 믿는 것이 우리가 생각하는 것보다 훨씬 큰 문제라는 사실을 기억해야 합니다. 세상을 놓고 하나님만 붙드는 것은 보통 어려운 일이 아닙니다. 그러나 그것이 우리의 선택과 이해만으로 결정되는 것이 아니라 하나님의 신비한 부르심 속에 붙잡혀 있다는 것을 기억하십시오. 세상과 하나님 사이에서 우리가 선택하여 이 자리에 온 것 이상으로 하나님이 우리를 불러내시고 붙드셨기 때문에 할 수 없이 신자가 된 것일 수 있습니다.

할 수 없이 신자가 되었다고 해도, 그 부르심과 붙드심이 얼마나 놀라운가를 확인해야 합니다. 이런 위기에 아니, 이것보다 더한 악조건에서 우리를 부르신 하나님이 이 무서운 세상과 비교할 수 없이 큰 분이며 하나님만이 유일한 주인이심을 우리로 확인하게 하실 것입니다. 그것이 우리의 신앙고백의 진정한 내용이 되기를 바랍니다. 세상 그 무엇으로도 하나님의 사람으로 사는 신앙과 하나님 앞에 부름 받은 소명을 꺾을 수 없음을 기억하고, 우리가 겪는 현실이 이런 하나님의 인도하심임을 기억하기 바랍니다.

기도

하나님 아버지, 은혜를 감사합니다. 지금 저희는 뒤숭숭한 현실에 있습니다. 예측할 수 없는 불안과 두려움과 긴장 속에 있습니다. 그러나 조금만 더 깊이 생각해 보면 원래 이 세상에는 피난처가 없습니다. 이 세상은 거짓이요, 본래 의와 선과 능력이 없는 곳입니다. 우리가 이 세상에 그토록 붙잡혀 있는 이유는 믿음이 없는 탓입니다. 하나님이 우리를 붙드셨고 하나님의 자녀로 인도하셨으니 하나님의 위대하심을 알려 주시옵소서. 우리가 편안하여 여분으로 하나님과 관계를 맺는 것이 아니라 우리의 운명과 현실을 걸고 하나님의 자녀가 되었다는 것을 하나님의 가르치심과 간섭하심으로 알게 하사 이제 붙드신 하나님의 백성으로 하여금 세상을 이기게 하옵소서. 하나님의 백성 된 본분을 각자 인생에서 지켜 내게 하옵소서. 예수님 이름으로 기도합니다. 아멘.

10 나는 수단이 될 수 없다

¹나팔을 네 입에 댈지어다 원수가 독수리처럼 여호와의 집에 덮치리니 이는 그들이 내 언약을 어기며 내 율법을 범함이로다 ²그들이 장차 내게 부르짖기를 나의 하나님이여 우리 이스라엘이 주를 아나이다 하리라 ³이스라엘이 이미 선을 버렸으니 원수가 그를 따를 것이라 ⁴그들이 왕들을 세웠으나 내게서 난 것이 아니며 그들이 지도자들을 세웠으나 내가 모르는 바이며 그들이 또 그 은, 금으로 자기를 위하여 우상을 만들었나니 결국은 파괴되고 말리라 ⁵사마리아여 네 송아지는 버려졌느니라 내 진노가 무리를 향하여 타오르나니 그들이 어느 때에야 무죄하겠느냐 ⁶이것은 이스라엘에서 나고 장인이 만든 것이라 참 신이 아니니 사마리아의 송아지가 산산조각이 나리라 ⁷그들이 바람을 심고 광풍을 거둘 것이라 심은 것이 줄기가 없으며 이삭은 열매를 맺지 못할 것이요 혹시 맺을지라도 이방 사람이 삼키리라 ⁸이스라엘은 이미 삼켜졌은즉 이제 여러 나라 가운데에 있는 것이 즐겨 쓰지 아니하는 그릇 같도다 ⁹그들이 홀로 떨어진 들나귀처럼 앗수르로 갔고 에브라임이 값 주고 사랑하는 자들을 얻었도다 ¹⁰그들이 여러 나라에게 값을 주었을지라도 이제 내가

그들을 모으리니 그들은 지도자의 임금이 지워 준 짐으로 말미암아 쇠하기 시작하리라 ¹¹에브라임은 죄를 위하여 제단을 많이 만들더니 그 제단이 그에게 범죄하게 하는 것이 되었도다 ¹²내가 그를 위하여 내 율법을 만 가지로 기록하였으나 그들은 이상한 것으로 여기도다 ¹³그들이 내게 고기를 제물로 드리고 먹을지라도 여호와는 그것을 기뻐하지 아니하고 이제 그들의 죄악을 기억하여 그 죄를 벌하리니 그들은 애굽으로 다시 가리라 ¹⁴이스라엘은 자기를 지으신 이를 잊어버리고 왕궁들을 세웠으며 유다는 견고한 성읍을 많이 쌓았으나 내가 그 성읍들에 불을 보내어 그 성들을 삼키게 하리라 (호 8:1-14)

본문은 호세아서 내내 반복되어 왔듯 이스라엘의 범죄를 꾸 짖는 내용입니다. 이스라엘은 여호와를 의지하지 않고 현실 적 해결책을 찾는 일에 매진합니다. 현실적 해결책이란 종교 이며 또한 정치를 말합니다. 이스라엘은 종교와 정치, 군사력 이나 외교로 자신들의 안전을 도모하는데, 종교를 정치나 외 교와 동일한 이해 선상에 놓았다는 사실을 주의해서 보아야 합니다.

호세아서를 읽으면서 계속 확인하게 되는 것은 이스라엘 이 여호와를 섬기는 일에 열심을 냈으나 여호와를 섬기는 것 과 우상을 섬기는 것의 차이를 그들이 알지 못했다는 사실입 니다. 그들은 열심히 제사를 드리지만 그것은 하나님이 인정 하시는 신앙이 아니었습니다. 이러한 사실은 그들이 우상을 섬기는 데서 드러날 뿐만 아니라 '저들이 하나님을 알지 못한 자가 되었다'라는 지적에서 확인할 수 있습니다. 그들은 하나님을 수단이나 방법으로 생각할 뿐, 하나님을 아는 것이 무엇이며 하나님을 섬기는 것이 무엇인지를 이해하지 못했던 것입니다.

호세아 8장 1절의 '나팔을 네 입에 댈지어다'라는 말씀은 이제 위기가 임박했고 멸망이 닥쳤음을 알리는 비상 경계령을 발동하라는 말씀입니다. 이런 일이 일어나는 것은 이스라엘이 하나님의 언약을 어기고 율법을 범했기 때문입니다. 그러나 그들은 이를 깨닫지 못하고 2절에 보듯이 '나의 하나님이여 우리 이스라엘이 주를 아나이다'라고 부르짖습니다.

이처럼 이스라엘 백성은 자기네가 신앙에서 실패하여 심판받는다고는 생각하지 않았던 것입니다. 그러나 3절의 "이스라엘이 이미 선을 버렸으니 원수가 그를 따를 것이라"라는 말씀과 4절의 "그들이 왕들을 세웠으나 내게서 난 것이 아니며 그들이 지도자들을 세웠으나 내가 모르는 바이며 그들이 또 그 은, 금으로 자기를 위하여 우상을 만들었나니 결국은 파괴되고 말리라"라는 말씀에 비추어 보면 하나님의 생각은 이스라엘의 생각과 전혀 다르다는 사실을 알 수 있습니다. 지난 장에서 확인했듯이, 호세아가 활동했던 시기인 이스라엘이 멸망하기 전 마지막 30년 동안에는 얼마나 많은 유혈 쿠데타가 반복되었는지 모릅니다. 순전히 권력 투쟁에 불과한 정치 반역이 되풀이되어 온 것입니다. 그러나 이는 단지 권력의 싸움에 그치는 것이 아니라 이스라엘 백성이 신앙의 가장 중요한 기본을 버려 더 이상 하나님을 두려워하지도 않고 하나님이 정하신 나라를 하나님의 백성으로서 유지하는 것이 무엇인가를 이미 국가적으로 놓치고 있다는 증거라고 지적합니다. 9절은 이렇게 이어집니다.

그들이 홀로 떨어진 들나귀처럼 앗수르로 갔고 에브라임이 값 주고 사랑하는 자들을 얻었도다 (호 8:9)

'홀로 떨어진 들나귀처럼 앗수르로 갔고'라는 표현은 주인 없는 외롭고 힘없는 들나귀처럼 앗수르로 갔다는 의미입니다. 이는 앗수르를 국제정치의 위협으로 보아 대항하려는 마음이 있으면서도 결국은 앗수르의 힘을 등에 업고 왕권을 차지했던 이스라엘의 왕을 비유한 표현입니다. '에브라임이 값 주고 사랑하는 자들을 얻었도다'에서 보듯이, 이스라엘은 자기들의 신앙 정체성을 버리고 세상의 것으로 조공을 바치고 화친하며 외국의 세력과 타협하여 평화를 얻었음을 알 수 있습니다. 이어서 10절입니다.

그들이 여러 나라에게 값을 주었을지라도 이제 내가 그들을 모으리니 그들은 지도자의 임금이 지워 준 짐으로 말미암아 쇠하기 시작하리라 (호 8:10)

우리는 이스라엘 백성의 범죄의 진상을 하나님의 시각에서 확인해 볼 필요가 있습니다. 세상 질서에서도 보면 후진국일수록 정치권력의 근거가 무력임을 알 수 있습니다. 군사 정권의 독재자는 한 나라의 권력을 흔히 무력으로 행사합니다. 한편 현대 민주 사회에서 권력이란 결국 많은 국민의 지지를 얻어야 하는 것인데, 이는 다만 표를 많이 얻는 것만을 의미하지 않습니다. 인간이 짐승이나 기계와 달리 어떤 고급한 소원에 근거하여 힘을 갖는 것을 의미합니다. 이것을 도덕이라 부릅니다. 이처럼 도덕성이란 권력의 참다운 근거일 것입니다.

이런 차원에서 본문은 이스라엘이 자기네가 가진 힘을 유지하기 위한 근거를 무엇으로 이해하는가를 가장 중요하게 지적하고 있습니다. 그것은 조금 전에 언급했듯이 무력입니다. 이스라엘의 힘은 오직 하나님에게서 나와야 하는데도 말입니다.

국제사회는 힘이 중요하며 특히 무력과 경제력이 있어야 한다는 사실을 오늘날 현실에서 생생히 봅니다. 이 당시에도 거의 모든 나라나 하나님 없는 사람들에게 무력과 경제력은 유일한 힘이었을 것입니다. 그런데 이스라엘도 이 길을 따라갔다는 것입니다. 흥미로운 사실은 권력이란 고급한 가치에 근거한 힘이 아니면 유지되기 어렵다는 것입니다. 권력의 지위를 무력과 경제력만으로 유지하고자 하면 계속해서 무력과 경제력을 보충해야 하기 때문에 도덕성을 점점 상실할 수밖에 없게 됩니다. 여기서 말하는 도덕성은 일반적으로 우리가 아는 보편적 윤리를 말합니다. 이는 최소한의 의입니다. 원래 이스라엘 백성에게 도덕성이란 하나님을 아는 지식 곧 신앙에 근거하여 주어진 것인데, 이스라엘은 이를 놓치고 있습니다. 이것이 호세아서의 중요한 지적입니다.

이스라엘 백성은 권력을 확보하기 위해 무엇을 합니까? 그들은 계속 힘으로만 권력을 유지하려다 보니 진정한 권력과 진정한 지위를 유지해 주는 도덕성을 팔게 됩니다. 이런 식으로 권력을 유지해 가는 것입니다. 말하자면, 이스라엘은 자기네의 정체성이자 특권인 하나님을 아는 지식을 팔아 넘겨 권력을 유지해 나갔던 것입니다. 오직 권력을 유지하기 위해 애를 쓰다 보니 정체성을 팔아먹어야 했던 것입니다. 이는 굉장히 중요한 지적입니다.

우리가 신앙생활하면서 부딪히는 현실은 무엇입니까? 예수만 팔면 다 주겠다는 것이 현실의 교묘한 도전입니다. 바로 예수님이 마귀에게 당한 시험입니다. '내게 절하면 세상을 주겠다'라는 것입니다. 따지고 보면, 바로 이 질문을 세상이 현실 속에서 우리에게 던지는 것입니다.

하나님은 예수를 보내어 세상의 도전에, 예수가 걸어간 길 위에 우리 자신을 내놓겠느냐고 우리에게 물으십니다. 우리는 어떻게 하고 있습니까? 이것은 총이나 칼로 생명을 위협하는 극적 위기로만 오는 것이 아니라, 매일 반복되는 일상과 같이 사소한 것에서 갉아먹고 들어오는 것입니다. 이기려면 사소한 데부터 한 걸음씩 이겨야 합니다. 크게 이기는 것만이 승리가 아닙니다.

실력이 없으면 각오밖에 할 것이 없습니다. 실력 없는 팀이 늘 삭발하고 혈서 쓰는 이유입니다. 그래서 실력 있는 팀에게는 "연습한 대로만 하면 돼"라고 말하고 실력 없는 팀에게는 "너희 지면 나오지 마. 그라운드에서 죽어"라고 하는 것 아닙니까? 물론 정신력을 고취하는 것은 중요합니다. 인간은 다만 기량이나 기술만 가진 존재가 아니기 때문입니다. 이처럼 인간은 인격적 존재라서 정신력이 매우 중요한 것이 사실이지만, 살면서 우리가 확인한 것이 있습니다. 진정한 정신력은 각오하는 데에 있지 않고 연습하고 훈련하고 단련하여 자기 것으로 만드는 데에 있습니다. 각오만으로는 안 됩니다. 각오대로 실제로 살아 내어 많은 실패와 고난과 좌절과 한계를 극복하여 싸워 온 것으로 각오나 고백이 힘을 갖는 것이지, 아직 가 보지 않은 저 앞에 있는 목표를 품고 고백하는 것만으로는 지금 가야 할 그 자리를 대신할 수 없다는 것이 인생의 교훈이요, 역사의 교훈입니다.

결국 신앙생활이란 언제나 이 싸움입니다. 하나님을 내 힘의 유일한 원천으로 인정하고 여기에 순종하느냐를 오늘 하루만큼 싸우는 것입니다. 이미 얻은 권력을 다만 하나님의 백성이라는 이름을 유지하는 데에 쓰는 것이 아니라 하나님의 백성으로서 더 크고 깊어지기 위하여 오늘 하루, 언제나 이 하루를 가지고 한 걸음의 싸움을 하는 것입니다.

본문에 나오는 이스라엘을 보면, 안정과 번영이라는 이름으로 하나님을 놓아 버린 것을 알 수 있습니다. 하나님이 수단으로 전락하여 하나님과 우상의 구별이 없어져 버렸습니다. 그러나 하나님의 백성이라는 신분은 하나의 권력이나 유지해야 할 명분이 아니라 오늘 하루를 하나님을 따라 살 것이냐, 말 것이냐 하는 부름과 도전 앞에 직면해 있다는 점을 기억해야 합니다. 하나님의 백성으로서 오늘 하루의 순종과 오늘 하루의 승리라는 걸음으로 가지 않으면 명분으로 요구되고 고백하는 저 자리를 마치 지금 소유한 척하게 됩니다. 그 자리는 저 앞에 있는, 아직 많이 걸어가야 만나게 될 자리인데도 말입니다. 그렇게 되면 하나님에게 시간과 과정을 뛰어넘는 요구를 하게 되고, 하나님은 목표도 근거도 내용도 아닌 수단으로 전락해 버립니다.

이스라엘은 자기네가 잘못했다고 끊임없이 인정하지 않습니다. 이사야에서 반복하여 등장하는 이스라엘의 반론은 "우리가 언제 하나님을 업신여겼습니까, 우리가 언제 신앙을 놓은 적이 있습니까" 하는 것입니다. 이와 동일한 내용이 말라기서에도 나옵니다.

이사야서에서는 '너희가 헛된 재물 가져오는 것 이제 꼴 보기 싫다. 너희는 오직 마당만 밟을 뿐이다. 헛된 제물을 다시는 가지고 오지 마라'라고 말씀하시고, 말라기서에서는 '너희 꼴 보기 싫다. 너희 중에 성전 문을 닫을 자가 있으면 좋겠다'라고 한탄하십니다. 그런데 이스라엘은 끝까지 자기 죄를 깨닫지 못합니다.

하나님이 우리에게 요구하시는 것은 지위와 명분으로 하는 자기 증명이 아니라 하나님이 하나님이신 것을 이해하는, 하나님을 아는 지식이요 하나님의 성품으로 부름 받은 자답게 순종하는 일상입니다. 이것이 우리에게 준 기회요 책임입니다. 그런데 우리는 자꾸 힘과 자랑을 가지려고 합니다. 우리가 무엇인가 갖고 있다고 생각합니다. 하지만 우리가 가진 것은 없습니다. 우리가 가진 것은 하나님이 누구신가를 아는 믿음뿐입니다. 이 믿음이 우리에게 '지금 정말 하나님의 사람으로 살고 있느냐?'를 묻고 요구하는 것입니다.

여러 번 이야기했듯이 이는 단순한 문제가 아닙니다. 하루아침에 완벽해지지 않습니다. 그러나 우리는 하나님을 알기 때문에 우리의 연약함과 실패까지 끌어안아 포기하지 않는 씨름을 해야 합니다. 이 싸움을 다른 것으로 대체할 수 없으며 하나님이 "그렇지, 잘했다"라고 말씀하시기까지 다른 것으로는 만족과 해결을 대신할 수 없다는 것을 알아야 합니다. 이 싸움이 어렵습니다.

호세아서에서 지적하는 이스라엘 백성의 문제는 이것입니다. 이스라엘 백성이 신앙이라고 생각하는 것을 하나님은 아니라고 하시며, 그들을 멸망시키고 성전을 헐어 버리는 심판을 하시는데도 이스라엘은 깨닫지 못한다는 것입니다. 얼마나 심각한 문제입니까?

그러나 이는 이스라엘만의 문제가 아니라 죄성을 가진 모든 인간의 문제입니다. 하나님이 결국 나 좋은 일 해 주는 분 이라는 생각, 죄성의 가장 본성적인 욕구에서 나온 이런 신 념은 신앙이 아닙니다. 여기서 헤어나야 참으로 중요한 신앙 의 본질이 이루어지는 것입니다. 결국 이스라엘은 멸망해서 야 하나님에 대한 믿음이 진일보하게 됩니다.

예수 잘 믿으면 보상받는다고 생각하는 신앙은 성경의 약 속과는 다른 것입니다. 예수 믿는 일에 다른 기대를 가지면 안 됩니다. 이쯤 해서 후반부와 연결해 봅시다. 11절 이하에 가면 이런 이야기가 나옵니다.

에브라임은 죄를 위하여 제단을 많이 만들더니 그 제단이 그에게 범죄 하게 하는 것이 되었도다 내가 그를 위하여 내 율법을 만 가지로 기록 하였으나 그들은 이상한 것으로 여기도다 (호 8:11-12)

하나님을 섬기려고 만든 많은 제단과 가르친 율법들이 오히 려 이스라엘 전역을 오염시켰다는 말씀입니다. 앞에서 논의 한 내용과 같습니다. 하나님을 알고 하나님의 백성이 된 것 을 하나의 권력으로 이해하여 이를 유지하기 위해 하나님을 수단으로 삼는 왜곡으로 간 것같이, 하나님을 섬기는 제단과 그 뜻을 따라야 하는 율법이 이스라엘 전역을 더럽혔다는 것 입니다. 어떻게 더럽혔습니까? 하나님은 기계적으로 제사만 드리면 되는 대상으로, 율법은 실천만 하면 되는 하나의 윤리로 오염시킨 것입니다.

앞에서 했던 권력에 대한 이야기를 마저 해 봅시다. 권력이란 지위에 요구되는 책임을 감당할 수 있게 해 주는 힘입니다. 그래야 그 지위에 수반된 책임을 질 수 있습니다. 그러나 이제껏 보았듯이, 권력을 가진 자들은 거의 다 부패했습니다. 그러면 이제 지도자는 도덕성이 있어야 한다, 적절한 규제가 있어야 한다와 같은 교훈을 역사 속에서 얻어 삼권분립도 나오고 견제 조직도 만들고 합니다. 그런데 나중에 견제 세력끼리 서로 야합해 버리면 방법이 없습니다. 그러면 다시 무엇을 요구하게 되느냐 하면, "한 나라의 지도자가 이럴 수 있단 말입니까?"라고 밖에는 호소할 것이 없는데, 그 책임자가 뻔뻔하게 나오면 사실 답이 없습니다. 도덕은 옳지만 도덕에는 강요하는 힘이 없기 때문입니다. 본인이 그렇게 살기로 작정하지 않는 한, 도덕을 외부에서 강요할 수 없습니다. 도덕에는 그런 힘이 없습니다.

하나님이 제사나 율법을 들어 이스라엘 백성에게 꾸짖는 것은 "너희의 제사와 율법에 나 하나님이 빠져 있으면 그것은 한갓 규범이나 이상 또는 규칙에 불과하다"라는 것입니다. 거기에는 인격이 없습니다. 인격이 없으면 의지도 없습니다. 사람을 바꿔 놓는 힘이 거기에는 없는 것입니다. 그러므로 제사와 율법을 요구하는 하나님의 뜻은 이를 무슨 규칙이나 이상이나 제도로 삼으라는 것이 아닙니다. 제사와 율법이 하나님을 설명하고 하나님이 개입하시는 상징이기 때문에 이를 통해 하나님을 힘써 알라는 것입니다. 그리하여 호세아서의 주제인 '나를 알라. 나를 아는 지식을 놓지 말라. 내가 누구인가를 늘 생각하라. 그것을 너희에게 가장 중요한 내용으로 삼아라. 이것을 외면하면 나머지는 모두 그저 헛된 부스러기요, 껍질에 불과하다. 그러니 무엇을 지켜야 할지를 생각하라'라는 호소가 등장하는 것입니다.

이 말씀에 답하게 하시려고 하나님은 당신의 이름을 걸고 세운 나라도 망하게 하실 수 있고, 당신의 이름으로 약속한 성전도 헐 수 있는 각오를 하시는 것입니다. 무시무시한 하나님입니다.

신앙의 핵심은 하나님을 아는 것입니다. 이는 지식의 문제가 아니라 신앙의 문제요 인격의 문제입니다. 한 인격에게 찾아오시는 하나님의 무시무시한 사랑을 아느냐 하는 문제입니다. 이것이 없으면 우리의 신앙은 다만 이상과 당위와 제도와 이해관계에 머무는 일에 불과하게 되고, 우리는 분노와 비판과 정죄밖에는 할 것이 없습니다. 사람을 바꾸어 놓을 수 없게 됩니다. 권력을 가져야 힘을 쓰는 것이 아니라 하나님을 알아야 힘을 쓸 수 있는데, 하나님을 알지 못하면 이런 일을 만들어 낼 수 없는 것입니다. 이것이 이스라엘이 역사 속에서 경험한 신앙과 우리가 믿는 기독교 신앙의 무서운 본질입니다. 이것을 놓치면 어떤 신자나 어떤 신앙 공동체도 힘을 잃는 것이요 특권을 놓치는 것입니다. 이 지적이 우리 모두에게 얼마나 중요한 문제인가를 기억해야 합니다. 이와 관련한 대표적 성경 구절을 하나 들겠습니다. 빌립보서 4장 10절입니다.

내가 주 안에서 크게 기뻐함은 너희가 나를 생각하던 것이 이제 다시 싹이 남이니 너희가 또한 이를 위하여 생각은 하였으나 기회가 없었느니라 내가 궁핍하므로 말하는 것이 아니니라 어떠한 형편에든지 나는 자족하기를 배웠노니 나는 비천에 처할 줄도 알고 풍부에 처할 줄도 알아 모든 일 곧 배부름과 배고픔과 풍부와 궁핍에도 처할 줄 아는 일체의 비결을 배웠노라 내게 능력 주시는 자 안에서 내가 모든 것을 할 수 있느니라 (빌 4:10-13)

우리는 이 구절을 너무나 쉽게 왜곡합니다. 예수를 믿으면 못할 일이 없다, 무슨 일이든지 다 된다, 믿는 자에게 능치 못할 일이 없다, 라는 긍정의 힘으로 연결합니다. 그렇게 생각하면 여기 나온 이 능력은 믿는 자의 소원에 불과한 것이 되고 맙니다. 믿음을 가졌다는 것이 하나의 권력이 되어 하나님은 우리의 요구에 바로 응답해야 하는 우리 종이 되고 맙니다. 그러나 빌립보서의 이 말씀은 그런 뜻이 아닙니다.

   사도 바울이 감옥에 갇혀 있자, 빌립보 교회 교인들이 위문하기 위하여 그를 찾아옵니다. 바울은 저들의 방문과 위로와 도움에 매우 기뻐합니다. 그러나 바울의 말은 내가 궁핍하므로 말하는 것이 아니다, 곤경을 해소해 주어서 고맙다는 말이 아니다, 어떠한 형편에든지 나는 자족하기를 배웠다, 아무래도 좋다, 이런 말입니다.

이 말은 그렇게 쉽게 할 수 있는 말이 아닙니다. 고통도 괜찮고 형통도 괜찮다는 것은 형편을 보니 상황이 괜찮다는 이야기가 아닙니다. "나는 비천에 처할 줄도 알고 풍부에 처할 줄도 알아 모든 일 곧 배부름과 배고픔과 풍부와 궁핍에도 처할 줄 아는 일체의 비결을 배웠노라 내게 능력 주시는 자 안에서 내가 모든 것을 할 수 있느니라"라는 말씀은 어떠한 형편에서든지 하나님의 사람으로 예수의 삶에 동참해야 한다는 것을 알기 때문에, 고통은 여전히 고통이지만 이 고통을 겪는 것이 실패이거나 손해가 아니라는 것을 안다, 고통의 길을 걷게 하시면 그 고통 속에서 예수를 믿는 것이 무엇인지를 증언하는 기회를 갖게 될 것이요, 형통하면 형통함 속에서 예수 믿는 것이 무엇인지를 증언하게 될 것이라는 것을 나 이제 알았다, 내게 능력 주시는 자는 세상이 아니라 예수다, 예수뿐이다, 그러므로 나는 예수 안에서 무슨 꼴이라도 당할 수 있다, 라는 것입니다.

바울은 자신의 신앙을 권력으로 이해하지 않습니다. 내가 예수를 믿으니 예수 믿는 자에 마땅한 처우와 대접을 해 주십시오, 라고 요구하지 않습니다. 어떤 길을 가든지 거기에서 예수 믿는 사람으로 살 수 있기 때문에 하나님이 나에게 요구하는 길을 내가 걸어갈 수 있다, 바울은 그렇게 이야기합니다. 이런 바울과 달리 본문의 이스라엘은 어떻습니까? 안정과 번영이 가장 중요한 목표가 되어 하나님을 알며 하나님의 사람으로 사는 정체성을 팔아서라도 안정과 번영을 만들어야 했던 것입니다. 이스라엘이 저지른 신앙의 아주 중요하고도 본질적인 실패가 여기 있습니다.

    인생은 고단합니다. 예전에 최희준씨가 '인생은 나그네 길'이라고 했는데 '나그네 길'이 아니라 '비렁뱅이 길' 같습니다. 그러나 그것이 하나님의 능력과 지혜와 신비 속에서 가장 값진 길이라는 사실을 인정합니다. 맥 놓고 살라는 이야기가 아닙니다. 가장 치열하게 살아야 하지만 이는 세상이 말하는 성공과 실패, 승리와 패배가 여기에 달려 있기 때문이 아닙니다. 어떤 형편에서든지 우리가 하나님의 사람이요 예수 안에 있는 자인가, 라고 묻는 기독교 신앙의 놀라운 시각이 우리에게 있기 때문입니다. 이것으로 우리의 생애를 돌아보고 현실을 믿음으로 책임 있게 순종하기 바랍니다.

기도

하나님 아버지, 은혜를 감사합니다. 우리가 어떠한 형편이든지 예수 안에서 특별한 사람임을 기억합니다. 세상의 가치로 판단될 수 없는 사람들입니다. 예수로 만족하는가, 오직 예수 안에 있는가, 예수를 믿는 믿음으로 세상과 대면할 수 있는가, 세상을 꿰뚫어 맞서 나갈 수 있는가를 묻고, 이 대답을 책임지는 사람입니다. 고통스러울 수 있을지 몰라도 이 싸움은 그 자체로 우리의 복이며 명예이며 영광입니다. 이 믿음을 주옵소서. 그리하여 각자의 삶을 자기 처지에서 순종하고 인내하고 승리하게 하옵소서. 예수 믿는 자의 참다운 기적을 우리의 심령과 인생에 허락하여 주시옵소서. 예수님 이름으로 기도합니다. 아멘.

11
너희 삶을 드리라

¹이스라엘아 너는 이방 사람처럼 기뻐 뛰놀지 말라 네가 음행하여 네 하나님을 떠나고 각 타작 마당에서 음행의 값을 좋아하였느니라 ²타작 마당이나 술틀이 그들을 기르지 못할 것이며 새 포도주도 떨어질 것이요 ³그들은 여호와의 땅에 거주하지 못하며 에브라임은 애굽으로 다시 가고 앗수르에서 더러운 것을 먹을 것이니라 ⁴그들은 여호와께 포도주를 부어 드리지 못하며 여호와께서 기뻐하시는 바도 되지 못할 것이라 그들의 제물은 애곡하는 자의 떡과 같아서 그것을 먹는 자는 더러워지나니 그들의 떡은 자기의 먹기에만 소용될 뿐이라 여호와의 집에 드릴 것이 아님이니라 ⁵너희는 명절 날과 여호와의 절기의 날에 무엇을 하겠느냐 ⁶보라 그들이 멸망을 피하여 갈지라도 애굽은 그들을 모으고 놉은 그들을 장사하리니 그들의 은은 귀한 것이나 찔레가 덮을 것이요 그들의 장막 안에는 가시덩굴이 퍼지리라 ⁷형벌의 날이 이르렀고 보응의 날이 온 것을 이스라엘이 알지라 선지자가 어리석었고 신에 감동하는 자가 미쳤나니 이는 네 죄악이 많고 네 원한이 큼이니라 ⁸에브라임은 나의 하나님과 함께 한 파수꾼이며 선지자는 모든 길에 친 새 잡는 자의 그물과 같고 그의 하나님의 전에는 원한이 있도다 ⁹그들은 기브아의 시대와 같이 심히 부패한지라 여호와께서 그 악을 기억하시고 그 죄를 벌하시리라 (호 9:1-9)

본문은 굉장히 무섭고 불길합니다. 이스라엘의 죄를 지적하고 그들의 잘못에 대하여 하나님이 그냥 넘어가지 않겠다고 말씀하시는 대목입니다. 아마 이스라엘이 멸망할 즈음, 호세아 선지자가 추수감사절 절기에 이 말씀을 선포한 것 같습니다. 이스라엘 백성이 풍성한 추수를 기뻐하며 절기를 즐기고 있을 때에 호세아 선지자는 그들의 불신앙과 잘못, 그리고 하나님이 결국 그들을 심판하실 것을 전하는 참으로 어려운 장면입니다. 이 어려운 일이 등장하는 배경에는 이스라엘 백성이 가진 신앙과 하나님이 호세아를 통하여 그들에게 원하시는 신앙 사이의 갈등이 있습니다.

신명기 28장에서 이스라엘 백성이 애굽에서 해방되어 하나님의 능력의 손으로 인도하심을 받아 이제 약속의 땅으로 들어갈 때에 하나님이 이런 약속을 하십니다. "너희가 내 말을 듣고 나에게 순종하면 나가도 복을 받고 들어가도 복을 받을 것이라. 그러나 너희가 나를 배반하고 불순종하면 나가도 저주를 받고 들어가도 저주를 받을 것이라." 정말로 그들은 젖과 꿀이 흐르는 땅에 들어가 원주민들을 내쫓고 풍요로운 삶을 살게 됩니다. 그러자 이스라엘 백성은 이것이 자기네가 가진 신앙에 대하여 하나님이 보상하신 것이라고 생각합니다.

그러나 1절에서 보는 바와 같이 하나님은 "이스라엘아, 너는 이방 사람처럼 기뻐 뛰놀지 말라 네가 음행하여 네 하나님을 떠나고 각 타작마당에서 음행의 값을 좋아하였느니라"라고 지적하십니다. 그들이 거둔 부요한 수확은 하나님에게 순종하여 받은 결과가 아니라 하나님을 떠나 오직 물질의 풍요로움을 좇아서 얻은 값이라고 하나님이 꾸짖습니다. 호세아가 이 꾸중을 전하자 그는 이스라엘 백성의 호된 반발을 삽니다. 7절을 보겠습니다.

형벌의 날이 이르렀고 보응의 날이 온 것을 이스라엘이 알지라 선지자가 어리석었고 신에 감동하는 자가 미쳤나니 이는 네 죄악이 많고 네 원한이 큼이니라 (호 9:7)

원문 자체도 어렵고 해석도 쉽지 않은 구절입니다. 제가 선택한 해석에 따르면 이런 내용입니다. 이스라엘 백성이 호세아에게 "선지자가 어리석었고 신에 감동하는 자가 미쳤나니"라고 한 말은 "너 미쳤구나. 우리는 복 받아 잘살고 있는데 네가 미쳐서 쓸데없는 소리를 하는구나"라는 뜻입니다. 이어서 8절을 보겠습니다.

에브라임은 나의 하나님과 함께 한 파수꾼이며 선지자는 모든 길에 친 새 잡는 자의 그물과 같고 그의 하나님의 전에는 원한이 있도다 (호 9:8)

이 구절 역시 원문과 해석이 만만치 않습니다. 이 구절에 대한 여러 해석 중 제가 선택한 해석에 따르면 '선지자들의 길에 그물을 놓고 하나님의 전까지 쫓아 들어와서 덤벼드는구나. 못할 짓을 하는구나'라는 의미입니다.

 그러므로 서두에 말씀 드린 바와 같이 이스라엘 백성이 생각하는 자기들의 신앙을 확인하는 근거와 하나님이 호세아 선지자를 통하여 밝히신 참다운 신앙을 확인하는 근거는 다르다는 것을 알 수 있습니다. 조금 전에 언급한 신명기 28장에 근거하여 이스라엘 백성은 '물질적 부요란 하나님으로부터 오는 복이며 하나님의 마음에 들도록 순종하면 복을 받는다'라고 생각하는데, 하나님은 "너희가 내게 순종하여 그 대가로 기쁜 결과를 얻은 것이 아니라, 물질의 풍요를 좇은 결과로 그것을 얻고서는 내가 준 것이라고 스스로 속이고 있다"라고 말씀하십니다. 이 둘의 차이를 하나님은 다음과 같이 지적하셨습니다. 호세아 6장에 나오는 바와 같이 "나는 인애를 원하고 제사를 원하지 않는다. 내가 원하는 것은 너희가 나를 아는 것이다"라고 하신 말씀에서 사실 이 둘의 차이가 드러나며 그들의 잘못이 이처럼 이미 분명하게 지적된 것을 알 수 있습니다.

하나님이 주시고자 하는 신자를 향한 복과 신자에게 목적하시는 결실은 하나님을 아는 것이며 하나님의 성품과 인격에 참여하는 것입니다. 그러나 이스라엘 백성은 그것을 물질적인 것으로 바꾸어 버렸습니다. 우리도 마찬가지입니다. "진정한 신앙을 가져야 한다. 실제로는 현실적이고 세상적인 욕심을 부리면서 이 욕심을 신앙이라는 이름으로 감추면 안 된다"라고 말하기는 쉽지만, 이는 사실 교묘한 문제입니다. 지금의 현실을 예로 들어 설명해 드리겠습니다.

우리나라는 지금 위기에 놓여 있습니다. 사실 우리나라가 얼마나 위험한지를 제대로 알지는 못하지만, 이미 여러모로 위기가 확인되는 현실입니다. "나라 꼴이 이게 뭐냐"라는 이야기가 나오고 예수 믿는 사람들 속에서는 이런 반응도 나옵니다. "한국 교회가 회개해야 한다. 정치력이나 군사력에만 의지하는 그런 자리에서 벗어나 하나님 앞에 회개하여 은총을 구해야 한다"라고 말입니다. 얼마나 멋진 말이고 옳은 말입니까? 이렇게 말하는 것 자체를 싸잡아 비난할 마음은 없습니다. 하지만 잘 살펴보면 신앙의 진정한 본질을 추적한다는 핑계로 우리의 죄성이 얼마나 많은 것을 기만할 수 있으며 또한 자신을 스스로 기만할 수 있는지가 이 말 속에 들어 있습니다.

만일 우리의 요구가 교회가 회개하여 우리로 하여금 더 이상 걱정하지 말게 해 달라는 의미에서 교회의 각성을 촉구하는 것이라면 이는 기만입니다. 이런 요구가 국가에 대해서는 "우리나라가 힘이 있어야 한다. 정치가 이게 뭐냐, 국방이 이게 뭐냐, 외교가 이게 뭐냐?" 하며 화내는 것으로 나옵니다. 다 맞는 말입니다. 그러나 여기에 자기 책임은 빠져 있습니다.

우리가 국가와 민족, 정치와 사회, 교육과 문화를 동원할 때 내 책임, 내 고통, 내 고민이 필요 없는 환경이 되라고 내 짐을 국가에 벗어 던지듯이, 신앙이라는 이름으로 한국 교회가, 내가 고민할 필요 없고 무릎 꿇을 필요 없고 손해 볼 필요 없고 수치를 당할 필요 없는 그런 교회가 되어 나로 고민하지 않고 생각하지 않고 살게 해 달라고 집어던질 수 있다는 것입니다.

그러나 신앙이란 국가와 역사의 문제가 아니라 하나님 나라와 예수 그리스도로 증명된 하나님의 통치와 성품에 순종하는 문제입니다. 국가나 교회를 들먹일 필요 없이, 시대와 환경을 들먹일 필요 없이, 그것은 언제나 나와 하나님 사이의 문제입니다. 이것이 기본입니다.

다니엘은 바벨론의 포로로 잡혔으나 총리가 되었고 그곳에서도 하나님 섬기는 것을 포기하지 않다가 사자 굴까지 던져집니다. 그의 세 친구는 풀무불에도 들어갑니다. 한번 생각해 봅시다. 그만큼 실력 있는 믿음을 가졌다면, 왜 이스라엘을 구하지 못했을까요? 다니엘은 그만한 믿음을 가졌음에도 이스라엘을 회개하게 하지 못했고 포로가 되는 것도 막지 못했습니다. 그러나 하나님은 그들의 신앙을 적국에서 드러내십니다.

언제나 우리 신앙은 누구에게 내 짐을 떠넘기는 식인데 가장 많이 떠넘기는 대상은 명분입니다. '이래서 되겠는가?'라고 이야기하는 것은 물론 옳습니다. 그러나 항상 그렇게 던지는 것이 전부는 아닙니다. 던지고 말면 안 됩니다. 우리는 어떤 상황이나 형편에서도 하나님의 사람이 되기를 각오하고 믿음을 결정한 사람들입니다. 그러니 우리가 바라는 형통한 환경에서도 위기 상황에서도 두려워할 필요가 없습니다. 그래야 합니다. 위기와 환난과 고통이 오면 당해야 합니다. 이것이 우리의 믿음을 짓밟을 수 없기 때문에 하나님이 그런 일을 주시기도 합니다. 현재 우리는 국가가 당한 위기 때문에 이 문제를 꺼내고 있지만, 조금 더 현실적인 이야기로 들어와 보면 사실 개인의 일상에서 우리를 가장 괴롭히는 것은 짐을 져야 하는 자기 자리일 것입니다.

인생은 혼자 사는 것이 아닙니다. 얼마나 많은 책임과 관계 속에 놓여 있는지 모릅니다. 나 하나 잘하면 끝나는 것이 아니라 누군가로 말미암아, 정말 사돈의 팔촌의 이웃 때문에 집을 빼앗기고 울고불고 하는 것이 현실입니다. 우리는 상대방에게 "너는 왜 태어났냐? 왜 네 책임도 감당 못하고 남들에게 이 고생을 나누게 하느냐"라고 화를 냅니다. 이는 신앙의 자세가 아닙니다.

예수님이 세상 죄를 지고 가는 어린 양으로 오셔서 우리에게 섬기고 죽으라고 요구하십니다. 이 현실을 받아들이지 못하면 늘 우리의 싸움은 형통하냐, 그렇지 않느냐의 문제가 되는데 이 기준은 세상의 기준에 불과한 것입니다. 그렇게 되면 우리는 결코 신앙인으로 살 틈이 없습니다. 불평하고 잊고 불평하고 잊는 것밖에는 할 줄 모릅니다. 평안해지면 생각 없이 살고 어려워지면 불평하는 삶은 세상의 기준에서 보아도 훌륭하지 않은데, 하나님이 자기 아들을 보내어 목적하신 하나님의 백성의 수준에는 더욱더 터무니없이 못 미칩니다.

우리는 예수를 믿기로 한 사람들이니 이렇게 살아야 한다고 명령하고 강요하려는 것이 아닙니다. 우리를 항복시키시고, 하나님을 아버지라 부르게 하시고, 예수를 믿노라고 고백하게 하신 하나님의 은혜의 의지가 우리에게 시작되었을 뿐만 아니라 이런 삶으로 부르신다는 사실 때문에 말씀드리는 것입니다.

우리는 도망갈 데가 없습니다. 신앙인이 되는 것 말고는 선택의 여지가 없습니다. 성경은 어느 곳에서나 이 문제를 이야기합니다. 로마서 12장에 가 봅시다.

그러므로 형제들아 내가 하나님의 모든 자비하심으로 너희를 권하노니 너희 몸을 하나님이 기뻐하시는 거룩한 산 제물로 드리라 이는 너희가 드릴 영적 예배니라 너희는 이 세대를 본받지 말고 오직 마음을 새롭게 함으로 변화를 받아 하나님의 선하시고 기뻐하시고 온전하신 뜻이 무엇인지 분별하도록 하라 (롬 12:1-2)

우리를 부르신, 우리의 주인이신 하나님이 어떤 분이시며 우리에게 무엇을 목적하시는지 알아야 합니다. 본문으로 돌아오면 이 문제는 다음과 같이 소개됩니다. 호세아 9장 3절입니다.

그들은 여호와의 땅에 거주하지 못하며 에브라임은 애굽으로 다시 가고 앗수르에서 더러운 것을 먹을 것이니라 (호 9:3)

역(逆)출애굽을 선포합니다. 출애굽은 노예였던 자리에서 자유인으로 부름 받는 것입니다. 누구의 노예였습니까? 죄의 노예였습니다. 거기서부터 하나님의 진리와 생명의 자유인으로, 거룩한 사람으로 부름 받는 것입니다.

   거룩함은 인간에게 가장 영광스러운 목표이지만, 호세아가 이스라엘 백성에게 계속 꾸중하고 지적하듯이 우리는 거룩에 대해 관심이 없습니다. 우리의 본성은 물질로 충분하다고 늘 자신을 속이고 거기에 타협합니다. 그러나 우리의 수확은 보이는 것이 아니라 보이지 않는 것이어야 합니다. 이 세대를 본받지 말고 하나님의 뜻을 따르는 것이어야 하는데 이 문제를 갈라디아서 5장에서 만납니다.

> 오직 성령의 열매는 사랑과 희락과 화평과 오래 참음과 자비와 양선과 충성과 온유와 절제니 이 같은 것을 금지할 법이 없느니라 (갈 5:22-23)

성령의 열매를 잘 보면 마구 기분 내는 것은 들어 있지 않습니다. 오래 참음, 자비, 양선, 충성, 온유, 절제는 참 지긋지긋한 덕목입니다. 하기 싫은 것들입니다. 성령의 열매가 펄펄 뛰는 것이라고 말하는 사람들은 기분 내는 것밖에 모르기 때문에 그렇습니다. 고민하고 괴로워하고 죽음을 각오하고 감수해야 하는 것인데 말입니다. 이런 것 없이 신앙을 논하는 것은 하나님을 정말 모독하는 것입니다.

　본문에서 주제로 삼은 바와 같이 이런 모든 문제를 정치나 경제 또는 명분으로 떠넘길 수 있다는 유혹에 대해서 경계해야 합니다. 우리와 동시대에 사는 누군가 나서서 "한국 교회 교우 여러분! 회개합시다"라고 하면 얼마나 멋있습니까? 그러나 이렇게 외치기 위해서는 끌어안고 가야 하는 개인의 몫과 신자 된 자기 자리를 지키는 싸움이 먼저 있어야 합니다.

우리는 억울한 일을 당할지도 모른다는 현실 속에서 최후 소망은 하나님에게 두며 세상의 어떤 환경과 위협과 도전과 유혹 속에서 하나님의 백성 된 본질을 놓지 않으리라, 죽으면 죽으리라는 각오를 할 수 있습니다. 그러나 각오나 처절함 같은 감각에 자신을 넘겨 버리지 마십시오. 오히려 실세로 실천할 것을 결단해야 합니다. 세상의 것으로 신자 된 명예와 자랑을 팔아먹지 않겠다고 분명하게 이해하고 순종해야 합니다.

하박국은 이 문제에 대한 가장 대표적인 증거를 보여 줍니다. 하박국은 이스라엘과 유다가 멸망하던 시기에 활동했던 선지자인데, 이스라엘 사회가 매우 혼란스럽고 불의가 판을 치고 부정부패와 배신과 신앙적 타락이 극심해지자 하나님 앞에 부르짖습니다. "하나님! 이 나라가 이런 꼴이 되어 가고 의로운 자들이 불의한 자들에게 이렇게 어려움을 겪는데 두고만 보시겠습니까?" 그러자 하나님은 "내가 보고 있다. 너희 나라를 멸망시킬 것이다"라고 답하십니다. "아니, 하나님, 나라를 멸망시키면 어떡합니까? 정의로운 나라를 세워 주십시오. 신앙이 이기는 나라를 세워 주십시오"라고 하자 하나님은 "의인은 믿음으로 산다. 정치로 살지 않고 경제로 살지 않는다"라고 말씀하십니다. 이 말씀을 하박국이 깨닫습니다. 그래서 하박국 마지막에 이런 고백이 찬송으로 나옵니다.

비록 무화과나무가 무성하지 못하며 포도나무에 열매가 없으며 감람

나무에 소출이 없으며 밭에 먹을 것이 없으며 우리에 양이 없으며 외양간에 소가 없을지라도 나는 여호와로 말미암아 즐거워하며 나의 구원의 하나님으로 말미암아 기뻐하리로다 주 여호와는 나의 힘이시라 나의 발을 사슴과 같게 하사 나를 나의 높은 곳으로 다니게 하시리로다 (합 3:17-19중)

이 찬송은 기분에 치우친 자기 격려가 아니라 멸망을 각오한 자의 신앙의 승리를 노래한 것입니다. 이스라엘의 멸망을 목전에 두고 "하나님! 이런 환경 속에서도 하나님의 나라와 백성에게 허락하시는 하나님의 목적은 한 점 손해 없이 승리할 것을 압니다. 어떤 환경과 형편이 와도 괜찮습니다. 하나님만이 나의 힘이십니다"라고 고백하는 찬송입니다.

그러나 이렇게 이야기하여 현실을 눈감고 넘어가자고, 눈을 딴 데로 돌려 열광하자고, 이 고백을 써먹으면 안 됩니다. 너무나 분명하고 냉정한 현실과 이해관계 속에서 자기의 존재와 인생과 현실과 책임져야 할 자기 가족과 이웃과 동포들을 걸고 "하나님은 약속에 신실하시며 그의 목적을 이루시는 일을 양보하시지 않는다. 그러므로 나는 어떤 꼴을 당해도 겁나지 않는다"라는 의미로 받아들여야 합니다. 울면서 가고 피 흘리며 가는 길일지라도 괜찮다고 이야기하는 것입니다.

신앙이라는 명분과 기도라는 이름으로 우리가 지어야 할 십자가와 우리가 치러야 할 대가를 외면한 채 순탄하고 쉬운 길을 요구하고 있다면 우리는 이스라엘 백성이 호세아 앞에서 하나님의 꾸중을 듣는 것과 진배없습니다. 이 사실을 기억해야 합니다. 신자 된 것이 우리 선택의 결과가 아님을 알아야 합니다. 하나님이 선택하신 것입니다. 우리는 도망갈 데가 없습니다. 신자다운 자기 자리와 책임으로 돌아오셔서 하나님이 나의 힘이신 것을 확인하고 세상이 주는 모든 도전 앞에 하나님의 힘으로 서는 인생이 되기 바랍니다.

기도

하나님 아버지, 은혜를 감사합니다. 세상의 파도는 높지만 사실 두려울 것이 없습니다. 우리가 우리 삶의 고단한 자리에 이를 때마다 얼마나 많은 불평과 억울함을 호소했는가를 돌아보게 됩니다. 우리는 믿음이 없습니다. 하나님 아버지! 하나님이 누구이신가, 다시 한 번 기억하게 하여 주시옵소서. 홍해를 가르시고 반석에서 물을 내시며 만나와 메추라기와 구름기둥과 불기둥으로 아니, 그 아들을 십자가에 못 박기까지 우리를 사랑하신 하나님입니다. 누가 그리스도 예수 안에 있는 하나님의 사랑에서 우리를 끊겠습니까? 우리가 두려워하는 것이 무엇인지, 그리고 우리 신앙의 가장 중요한 근거는 어디에 있는지 스스로 묻고 확인하게 하옵소서. 승리하게 하옵소서. 예수님 이름으로 기도합니다. 아멘.

12
너희가 두 마음을 품었다

¹이스라엘은 열매 맺는 무성한 포도나무라 그 열매가 많을수록 제단을 많게 하며 그 땅이 번영할수록 주상을 아름답게 하도다 ²그들이 두 마음을 품었으니 이제 벌을 받을 것이라 하나님이 그 제단을 쳐서 깨뜨리시며 그 주상을 허시리라 ³그들이 이제 이르기를 우리가 여호와를 두려워하지 아니하므로 우리에게 왕이 없거니와 왕이 우리를 위하여 무엇을 하리요 하리로다 ⁴그들이 헛된 말을 내며 거짓 맹세로 언약을 세우니 그 재판이 밭이랑에 돋는 독초 같으리로다 ⁵사마리아 주민이 벧아웬의 송아지로 말미암아 두려워할 것이라 그 백성이 슬퍼하며 그것을 기뻐하던 제사장들도 슬퍼하리니 이는 그의 영광이 떠나감이며 ⁶그 송아지는 앗수르로 옮겨다가 예물로 야렙 왕에게 드리리니 에브라임은 수치를 받을 것이요 이스라엘은 자기들의 계책을 부끄러워할 것이며 ⁷사마리아 왕은 물 위에 있는 거품 같이 멸망할 것이며 ⁸이스라엘의 죄 곧 아웬의 산당은 파괴되어 가시와 찔레가 그 제단 위에 날 것이니 그 때에 그들이 산더러 우리를 가리라 할 것이요 작은 산더러 우리 위에 무너지라 하리라 (호 10:1-8)

본문은 북 왕조 이스라엘의 마지막 왕인 호세아 왕 때에 선포된 심판에 대한 호세아 선지자의 메시지로 보입니다. 북 왕조 이스라엘 마지막 왕의 이름도 호세아입니다. 호세아 선지자와 이름이 같습니다.

3절의 '그들이 이제 이르기를 우리가 여호와를 두려워하지 아니하므로 우리에게 왕이 없거니와 왕이 우리를 위하여 무엇을 하리요'라는 말씀은 굳건한 정치를 의지했던 북 왕조의 백성이 이제 나라가 멸망하자 정치 이력이 국가를 버티는 진정한 힘이 아니라는 사실을 깨닫는 날이 올 것이라는 의미입니다.

또한 5절에서는 '사마리아 주민이 벧아웬의 송아지로 말미암아 두려워할 것이라'라는 말씀이 나옵니다. 사마리아는 북 왕조 이스라엘의 수도입니다. 남북 왕조가 갈렸을 때에 남 왕조 유다에 속한 예루살렘 성전에 북 왕조 백성이 예배 드리러 가는 것을 막기 위하여 북 왕조 이스라엘에 있는 벧엘에 단을 쌓고 송아지를 세워 예루살렘 성전으로 가는 백성의 마음을 붙들어 놓았다는 이야기를 해 드린 적이 있습니다.

벧엘에 송아지를 세우고 결국 이곳이 우상을 섬기는 본거지가 되자, '하나님의 집'이라는 '벧엘' 본래의 의미와 지명과 장소가 어울리지 않게 되어 하나님은 호세아 선지자를 통하여 벧엘을 '벧아웬' 곧 살육의 집, 거짓의 집, 사악함의 집이라고 벧엘을 부르시며 책망하십니다. 그래서 '벧아웬의 송아지로 말미암아 두려워할 것이라'라는 구절은 북쪽 나라가 다 멸망하고 그들이 믿었던 신앙과 종교가 진정한 힘이 아님을 깨닫는 날이 올 것이라는 말씀입니다. 이어서 5절 후반에 '제사장들도 슬퍼하리니 이는 그의 영광이 떠나감이며'라고 합니다. 계속해서 보겠습니다.

> 그 송아지는 앗수르로 옮겨다가 예물로 야렙 왕에게 드리리니 에브라임은 수치를 받을 것이요 이스라엘은 자기들의 계책을 부끄러워할 것이며 사마리아 왕은 물 위에 있는 거품 같이 멸망할 것이며 (호 10:6-7)

에브라임은 북 왕조 이스라엘의 별칭인데, 이 에브라임의 정치나 외교가 다 힘을 쓰지 못하는 현실을 맞이할 것이라는 말씀입니다. 10장 1절에서 8절까지 가장 중요한 내용은 거짓을 힘의 근거로 믿는 자들이 결국 하나님의 심판을 받아 그것이 진정한 힘이 아님을 깨닫는 날이 올 것이라고 말씀하는 부분입니다. 그들은 북 왕조 이스라엘의 정치적 역량과 경제력을 믿고 잘못된 우상을 섬기면서 그것이 자기네의 크나큰 신앙과 종교의 힘이라고 생각했습니다. 그들의 이런 생각에 대해 하나님이 심판하십니다. 물론 잘못에 대하여 벌을 주는 것이 심판입니다. 그러나 하나님의 심판은 다만 벌을 주는데 그치지 않고 그들의 헛된 생각과 잘못을 밝히는 가르침이 이 심판에 함께 들어 있습니다. 이처럼 하나님의 심판은 공의롭고 은혜롭습니다. 이 사실이 중요합니다. 예레미야 9장에 가면 다음과 같은 유명한 구절이 나옵니다.

여호와께서 이와 같이 말씀하시되 지혜로운 자는 그의 지혜를 자랑하지 말라 용사는 그의 용맹을 자랑하지 말라 부자는 그의 부함을 자랑하지 말라 자랑하는 자는 이것으로 자랑할지니 곧 명철하여 나를 아는 것과 나 여호와는 사랑과 정의와 공의를 땅에 행하는 자인 줄 깨닫는 것이라 나는 이 일을 기뻐하노라 여호와의 말씀이니라 (렘 9:23-24)

이 본문에서는 지혜, 용맹, 부함을 언급하여 하나님 외에는 그 어느 것도 진정한 힘이나 진정한 가치가 아니라는 것을 가르칩니다. 하나님이 이스라엘 백성을 당신의 명령과 교훈

안에 두시려고 하는 이유가 무엇일까요? 이처럼 하나님은 독점력과 자존심이 강하며 독선적인 분일까요? 예레미야 9장 23절부터 24절에서 보듯이, 인간이란 창조자 하나님 이외의 어느 것으로도 내용과 가치를 충족할 수 없는 존재이기 때문에 하나님을 아는 지식으로 인간을 채우시고자 하기 위함입니다. 이 사실을 성경은 가르치고 싶어 합니다. 이는 매우 중요한 내용입니다.

우리는 신앙생활하면서 사실 이런 기도를 하기 쉽습니다. "하나님, 하나님이 하라고 하시는 것 다 할 테니 제발 행복을 주십시오. 평안을 주십시오. 더 이상 걱정하지 말게 해 주십시오." 이런 소원이 신앙 초기에 기독교의 본질을 가장 많이 오해하게 만드는 내용입니다.

또 이런 기도도 합니다. "하나님! 어쩌란 말입니까? 내가 이 이상 어떻게 더 잘할 수 있습니까?" 이는 욥의 반문이기도 합니다. "하나님, 내가 무엇을 잘못했기에 나로 과녁을 삼으십니까?"라는 비명이 욥의 주된 항변이었습니다.

그러나 예레미야 9장 24절, "자랑하는 자는 이것으로 자랑할지니 곧 명철하여 나를 아는 것과 나 여호와는 사랑과 정의와 공의를 땅에 행하는 자인 줄 깨닫는 것이라 나는 이 일을 기뻐하노라 여호와의 말씀이니라"에서 보듯이 하나님이 당신의 교훈과 가르침에 우리를 묶으시는 것은 우리를 제한하려는 것이 아니라 우리가 하나님의 성품을 닮아가는 것을 원하시기 때문입니다. 다만 짐승처럼 먹으면 끝나는 정도의 존재로 하나님은 인간을 목적하시지도 않았고, 인간이 이런 존재로 머물러도 된다고 양보하시지도 않겠다는 것입니다. 그러나 우리는 하나님을 닮아가는 것에 무관심한 채 하나님을 동원하여 그분의 힘을 빌려 자기 필요를 채우고 평안하기를 원하곤 합니다. 가장 대표적인 것이 성경에서 말하는 부(富)하는 문제입니다. 이는 부자가 되는 것과 좀 다른 문제인데, 디모데전서 6장을 찾아봅시다.

> 부하려 하는 자들은 시험과 올무와 여러 가지 어리석고 해로운 욕심에 떨어지나니 곧 사람으로 파멸과 멸망에 빠지게 하는 것이라 돈을 사랑함이 일만 악의 뿌리가 되나니 이것을 탐내는 자들은 미혹을 받아 믿음에서 떠나 많은 근심으로써 자기를 찔렀도다 (딤전 6:9-10)

이 본문에서 '부하려 하는' 것이란, 하나님 이외의 것으로 답을 찾으려 하는 것을 의미합니다. 여기에는 무엇이든지 대입해 볼 수 있습니다. 명예가 될 수 있고 지식이 될 수 있고 권력이 될 수도 있습니다. 또는 약간 겸손을 곁들여서 행복, 평화, 안정과 같은 소원이 될 수도 있습니다. "뭐 특별히 잘나고 싶은 것도 없어요. 단지 남에게 꾸지만 않고 살게 해 주면 좋겠어요"라는 식으로 흔히들 많이 양보한 것처럼 말하지만, 실제로는 대단히 고약한 길로 따라가고 있다는 것을 주의해야 합니다.

결국 우리는 신앙 인생 속에서 하나님에게 "도대체 어떻게 하라는 말입니까?" 하며 화를 냅니다. "어떻게 하라는 말입니까?"라는 항변에는 "이 이상 어떻게 더 잘합니까?"라는 어욺함이 들어 있습니다. 무엇을 잘했다는 것일까요? 이 말 속에는 "어떻게 이 이상 더 하나님을 잘 섬깁니까?"라는 항의가 들어 있습니다. 하나님이 화내지 않을 만큼은 다 했다는 것입니다. 그렇다면, 하나님이 무엇에 화를 내시는지 알고 있습니까?

하나님이 무엇을 원하시는지 알고 있습니까? 하나님은 우리가 하나님이 누구신지를 알고 하나님이 목적하신 사람이 되어 하나님을 아는 지식으로 채워지기를 원하십니다. 이것을 인애라고 설명했습니다. 하나님을 아는 지식, 인애와 자비로 가는 것을 하나님은 원하십니다. 여기서 기독교 신앙은 다만 도덕성의 문제가 아니라는 것을 알게 됩니다. 물론 기독교 신앙에는 도덕성이 있습니다. 이는 너무나 당연합니다. 기독교는 도덕과 다른 길을 가지 않고 도덕을 면제받지도 않습니다. 그러나 도덕을 넘어섭니다. 옳고 해를 끼치지 않는 정도를 넘어 용서하고 사랑하는 것입니다. 하나님이 우리에게 이것을 하라고 하시는데도 우리는 하지 않습니다. 본문을 보면 이 꾸중이 매우 중요하다는 것을 알 수 있습니다. 호세아 10장입니다.

> 이스라엘은 열매 맺는 무성한 포도나무라 그 열매가 많을수록 제단을 많게 하며 그 땅이 번영할수록 주상을 아름답게 하도다 (호 10:1)

하나님이 복을 주시면 이스라엘은 모든 것의 주인이 하나님이신 줄 알고 하나님을 섬기는 길로 가야 했습니다. 호세아서의 가장 중요한 주제인 인애를 품는 것, 하나님을 섬기는 것, 하나님의 성품에 참여하는 것으로 가는 길 말입니다. 그런데 그들은 물질의 부요함을 지속하려는 우상숭배의 길로 갔습니다.

2절에서는 그들이 두 마음을 품었다고 합니다. 하나님을 섬기는 것과 자기를 섬기는 것, 이 두 마음을 동시에 갖고 있습니다. 하나님을 섬기되 하나님 앞에 온전히 순종하여 따르지 않고 자기 뜻을 이루기 위하여 하나님을 섬깁니다. 이렇게 되면 결국 하나님이 우상이 되고 맙니다.

우상이란 무엇입니까? 인격과 작정과 거룩함이 없고 오직 수단에 불과한 것입니다. 사람들은 우상을 자기네 손으로 만들어 놓고 거기 가서 빕니다. 무엇을 빕니까? 자기가 원하는 것을 만들어 달라고 빕니다. 이 문제만큼 기독교 신앙을 왜곡하고 인간의 죄성을 적나라하게 드러내는 지적도 없을 것입니다.

자신의 신앙을 점검해 보십시오. 가장 중요한 점검이 무엇입니까? 하나님의 뜻을 아는 문제에 우리가 얼마나 본성적으로 순종하는 마음이 없는가, 얼마나 끈질기게 자기주장을 고집하는가를 점검해야 합니다. 우리가 신앙을 실천할 때조차도 그 신앙이 하나님을 움직이기 위한, 하나님을 내 뜻대로 조종하기 위한 수단으로 사용한다는 사실에 우리는 놀라야 합니다. 이는 괴로운 일입니다. 그래서 어찌 보면 기독교 신앙은 한평생 '이만하면 되었다'라는 마음을 가질 수 없는 것일지 모릅니다.

    인생을 살면서 알게 된 기가 막힌 현실은 무엇입니까? 아무리 열심히 살아도 책임과 고통이 끝나지 않는 인생을 산다는 사실입니다. 여기에 우리는 놀랍니다. 저도 많이 놀라고 있습니다. 어떻게 이 이상 더합니까? 평생을 자기 자신 하나만을 위해서 살지 못합니다. 우리가 얼마나 많은 사람과 연결되어 있습니까? 그렇게 해도 책임이 끝나지 않습니다. 아무리 해도 문제가 해결되지 않습니다. 나이가 들면서 깨닫는 것은 인생은 문제가 해결되는 것이 아니라 짐을 끝까지 지고 가는 것이라는 사실입니다. 그러나 답이 없는 고난 속에서도 결국 하나님이 승리를 주실 것이라고 믿는 것이 신앙입니다. 이 신앙이 가능한 것은 인간의 노력과 조건 때문이 아니라 하나님의 기적이 우리의 수고를 헛되게 하시지 않으며 우리의 실패마저도 하나님의 자비로우심과 능력을 무산시킬 수 없다는 사실 때문입니다. 이를 아는 것이 신앙이며 그리하기에 기꺼이 짐을 질 수 있는 것이지 짐이 없어지는 일이 생기는 것이 신앙이 아닙니다.

이스라엘 백성은 잘못해서 다 포로가 되고 나라는 망합니다. 북 왕조 이스라엘이 먼저 망하고, 남 왕조 유다가 뒤이어 망하여 바벨론 포로가 됩니다. 물론 나중에 귀환하고 이스라엘이 재건되지만, 그다음에는 로마에 의해서 나라가 또 없어지고, 1948년에 지금의 이스라엘이 팔레스타인에 와서 다시 나라를 회복하기까지 거의 이천 년에 가까운 세월을 유랑자로 삽니다.

그러나 우리가 성경을 통해 알다시피 이스라엘이 정치적, 군사적 차원에서 멸망한 것이 이스라엘의 운명은 아니었다는 사실입니다. 하나님이 이스라엘을 깨우치시고 그들에게 목적하신 것은 이스라엘 백성이 요구하고 이해한 것과 다릅니다. 우리도 다 여기로 부름을 받고 있습니다. 예수를 믿는 문제가 얼마나 이해하기 쉽지 않은, 참으로 놀라운 문제인지 갈라디아서 5장 22절 이하에 잘 드러납니다.

오직 성령의 열매는 사랑과 희락과 화평과 오래 참음과 자비와 양선과 충성과 온유와 절제니 이 같은 것을 금지할 법이 없느니라 (갈 5:22-23)

예수 믿는 사람이면 누구나 잘 아는 구절로 그 의미 또한 잘 알고 있을 것입니다. 이 말씀은 성령의 열매를 맺어야 한다는 것인데 이는 그렇게 간단하지 않습니다. 그다음에 이어지는 구절을 보십시오.

그리스도 예수의 사람들은 육체와 함께 그 정욕과 탐심을 십자가에 못 박았느니라 만일 우리가 성령으로 살면 또한 성령으로 행할지니 헛된 영광을 구하여 서로 노엽게 하거나 서로 투기하지 말지니라 (갈 5:24-26)

성령의 열매를 좇는 것을 무엇과 비교합니까? 내가 나의 주인이냐, 성령이 나의 주인이냐로 비교합니다. 사실 죄성의 무서움은 이 말씀으로 '성령의 열매를 맺자' '성령의 열매를 맺으면 하나님이 내 모든 요구에 응답하시고 복을 주시리라'라는 데로 넘어갈 수 있다는 점에 있습니다. 성령의 열매를 운운하면서 성령이 주인이 아니고 내가 주인이 되어 하나님에게 명령할 수 있는 조건으로 성령의 열매를 써 버린다는 사실에 대해 놀라야 합니다.

  이것이 본문에서 이스라엘이 저지르고 있는 잘못입니다. 이스라엘은 무성한 포도나무입니다. 열매가 많을수록 제단이 늘어나는데, 하나님이 어떻게 그들에게 계속 복을 주시겠습니까? 그들에게 허락하신 평화, 번영, 행복, 자랑이 하나님이 뜻하시며 하나님을 닮는 인격과 성품으로 가는 길이 아니라 더욱 더 자신들의 고집과 자랑으로만 가는 것이라면 하나님은 이를 깨트리실 수밖에 없다는 말씀입니다. 누구를 위해서 그렇게 하실까요? 바로 그들을 위해서입니다.

우리는 신앙에 대하여 '잘하면 복 받고 못하면 벌 받는다'라는 식의 간단한 이해를 본능적으로 가지고 있습니다. 현실이 어려운 것은 잘못한 것이 있기 때문이라는 생각이 우리를 지배합니다. 그러나 성경은 그렇게 이야기하지 않습니다. 성경은 우리에게 하나님의 뜻이 무엇인지 생각하라고 합니다. 우리가 가진 명분상 하나님을 위하는 것이 신앙이라고 생각하는 바람에 우리 자신이 우리의 실제 주인이 되어 하나님은 우상으로 전락해 있는 것은 아닌지 묻는 것입니다. 제가 이런 식으로 믿음을 가르치기 때문에 "믿음이 뭐 그렇게 복잡합니까?"라는 질문을 가끔 받습니다. 여기에 대해서는 단번에 반박할 답이 있습니다. 바로 하나님은 인격자시며 생각하시는 분이지, 기계나 수단이 아니라는 사실입니다. 우리는 하나님이 단순한 분이기를 바랍니다. 내 생각보다 쉽기를 바랍니다. 그러나 이는 무엄하고 무지한 짓입니다.

호세아 내내 하는 이야기가 바로 이것입니다. 이스라엘 백성이 지식을 버렸으므로 하나님도 이 백성을 버린다는 것입니다. 우리는 하나님이 인격자라는 사실과 우리에게 인격적 신앙을 요구하신다는 사실을 자주 잊습니다. 그리고 하나님이 우리의 생각에 쉽게 답을 주시지 않는 사실에 대해서 놀랍니다. 이렇게 표현하는 것을 용서하시기 바랍니다만, 우리는 하나님이 우리에게 속아 넘어가지 않는 것에 대해서 분하게 여기는 것 같습니다. 인생이 고통스러우십니까? 고난이 우리에게 더 좋은 것을 만들어 낼 수 있다는 사실을 하나님의 지혜와 권능을 근거로 하여 믿을 수 있습니까? 시편 119편을 봅시다. 일찍이 성경은 이런 고백을 증언하고 있습니다.

고난 당한 것이 내게 유익이라 이로 말미암아 내가 주의 율례들을 배우게 되었나이다 주의 입의 법이 내게는 천천 금은보다 좋으니이다 주의 손이 나를 만들고 세우셨사오니 내가 깨달아 주의 계명들을 배우게 하소서 주를 경외하는 자들이 나를 보고 기뻐하는 것은 내가 주의 말씀을 바라는 까닭이니이다 여호와여 내가 알거니와 주의 심판은 의로우시고 주께서 나를 괴롭게 하심은 성실하심 때문이니이다 구하오니 주의 종에게 하신 말씀대로 주의 인자하심이 나의 위안이 되게 하시며 주의 긍휼히 여기심이 내게 임하사 내가 살게 하소서 주의 법은 나의 즐거움이니이다 (시 119:71-77)

고난을 당하면 무엇이 진짜인지 알게 됩니다. 나이가 들면서 배우는 것이 무엇입니까? 인생에서 가장 중요한 것이 무엇인지를 알게 됩니다. 젊었을 때는 곧잘 오판합니다. 젊었을 때는 보이는 힘이 가장 중요하다고 생각하는데 나이가 들면 그 힘이 다른 것으로 바뀝니다. 보다 깊은 의미로 전진합니다.

 시편 119편을 쓴 기자는 고난을 당하게 되자 인간이 더 고급한 존재라는 사실과 보이는 것으로 해결되지 않는 고난이 있다는 것을 알게 됩니다. 곧 인간은 더욱 깊은 고민을 하는 존재요, 그 답을 위해서 더 깊은 생각이 필요하다는 것을 알게 됩니다. 그래서 그는 하나님의 법과 요구가 진정한 깊이와 내용을 갖고 있다는 것을 깨닫기 시작합니다. 하나님의 법의 가치를 알게 되며 하나님의 하나님 되시는 거룩함과 도덕성과 진정한 내용을 깨닫기 시작합니다.

시편 기자는 119편 75절에서 주의 심판은 의롭다고 고백합니다. 호세아 본문에 나온 심판도 의로운 심판입니다. 그렇게 놓아두면 이스라엘 백성은 영영 바보로 살다 죽을 것입니다. 그러나 이대로 내버려 두지 않으셔서 정말 고마운 심판입니다. 주께서 나를 괴롭게 하심은 성실하심 때문이라고 합니다. 하나님이 우리의 하나님이 되심을 타협하시지 않고 포기하시지 않기 때문에 이 고백이 나오는 것입니다. 하나님은 성실하십니다.

우리도 자녀를 기르다가 정 안되면 나중에 "나는 모른다. 네가 고집 부렸고 네가 결정한 것이니 네 인생 네가 책임져라" 하면서 타협하고 포기합니다. 그러나 하나님은 그리하시지 않습니다. 고마우신 하나님입니다.

지금 인생이 만만치 않으십니까? 고마우신 하나님 덕분입니다. 그것이 말이 되냐고 되묻고 싶으십니까? 하나님은 하나님이시기를 중단하실 수 없는 성실하신 분이기에 이렇게 하신다는 것을 기억하기 바랍니다. 하나님이 포기하시거나 타협하셨다면 우리는 아마 괴물이 되었거나 바보가 되었거나 아무것도 아닌 존재가 되었을 것입니다.

우리가 나누고 생각한 본문이 자신의 신앙 인생을 돌아볼 때에 하나님이 누구신가를 다시 한 번 분명히 하는 성경의 증언이요, 자신의 생애를 조망하고 해석하는 말씀이기를 바랍니다. 그리하여 우리의 신앙 인생이 얼마나 복된 것인지, 하나님의 인도하심 속에 있다는 것이 어떤 의미인지를 깨닫기를 바랍니다.

기도

하나님 아버지, 은혜를 감사합니다. 하나님이 우리의 아버지가 되어 주시고 하나님의 하나님 되심을 포기하시지 않고 우리의 못난 것 때문에 중단하시지 않는 바람에 우리가 오늘 이 자리까지 왔고 장차 영원한 자리에 갈 것을 믿습니다. 이 귀한 하나님의 자녀라는 이름으로 살게 하셨으니 하나님 아버지, 오늘 말씀이 증거하는 하나님에 근거하여 나를 이해하는 귀한 시간 되게 하여 주시옵소서. 하나님을 아버지라 부르는 이 특권이 얼마나 영광스러운 것인가 다시 한 번 깨닫게 하시고 우리의 여생도 하나님의 성실하심과 거룩하심으로 지켜 주옵소서. 예수님 이름으로 기도합니다. 아멘.

13
내가 어찌 너를 놓겠느냐

¹이스라엘이 어렸을 때에 내가 사랑하여 내 아들을 애굽에서 불러냈거늘 ²선지자들이 그들을 부를수록 그들은 점점 멀리하고 바알들에게 제사하며 아로새긴 우상 앞에서 분향하였느니라 ³그러나 내가 에브라임에게 걸음을 가르치고 내 팔로 안았음에도 내가 그들을 고치는 줄을 그들은 알지 못하였도다 ⁴내가 사람의 줄 곧 사랑의 줄로 그들을 이끌었고 그들에게 대하여 그 목에서 멍에를 벗기는 자 같이 되었으며 그들 앞에 먹을 것을 두었노라 ⁵그들은 애굽 땅으로 되돌아 가지 못하겠거늘 내게 돌아 오기를 싫어하니 앗수르 사람이 그 임금이 될 것이라 ⁶칼이 그들의 성읍들을 치며 빗장을 깨뜨려 없이하리니 이는 그들의 계책으로 말미암음이니라 ⁷내 백성이 끝끝내 내게서 물러가나니 비록 그들을 불러 위에 계신 이에게로 돌아오라 할지라도 일어나는 자가 하나도 없도다 ⁸에브라임이여 내가 어찌 너를 놓겠느냐 이스라엘이여 내가 어찌 너를 버리겠느냐 내가 어찌 너를 아드마 같이 놓겠느냐 어찌 너를 스보임 같이 두겠느냐 내 마음이 내 속에서 돌이키어 나의 긍휼이 온전히 불붙듯 하도다 ⁹내가 나의 맹렬한 진노를 나타내지 아니하며 내가 다시는 에브

라임을 멸하지 아니하리니 이는 내가 하나님이요 사람이 아님이라 네 가운데 있는 거룩한 이니 진노함으로 네게 임하지 아니하리라 [10]그들은 사자처럼 소리를 내시는 여호와를 따를 것이라 여호와께서 소리를 내시면 자손들이 서쪽에서부터 떨며 오되 [11]그들은 애굽에서부터 새 같이, 앗수르에서부터 비둘기 같이 떨며 오리니 내가 그들을 그들의 집에 머물게 하리라 나 여호와의 말이니라 [12]에브라임은 거짓으로, 이스라엘 족속은 속임수로 나를 에워쌌고 유다는 하나님 곧 신실하시고 거룩하신 자에게 대하여 정함이 없도다 (호 11:1-12)

멸망을 앞둔 북 왕조 이스라엘의 배교와 오직 세상의 방법으로 나라를 이끌고 그 삶을 꾸미는 이스라엘 백성의 잘못된 신앙생활에 대하여 하나님이 계속 꾸짖고 계십니다. 잘못하면 벌 받는, 그런 간단한 문제가 아닙니다. 나는 하나님이다, 내가 너희를 버리지 않는다, 그러므로 너희가 잘못 행하는 것을 그냥 놓아둘 수 없다, 이렇게 말씀하시는 하나님의 불붙는 사랑, 인간적 표현으로 하면 하나님의 고민을 볼 수 있습니다. 하나님의 사랑은 그의 백성을 놓지 않지만 그렇다고 타협하지도 않는 것임을 호세아 11장은 강조합니다.

호세아서 전체는 하나님이 이스라엘을 부부 곧 가장 긴밀하고 하나 된 관계로 그들을 대접하시고 부르시며 가르치시는 일에 호세아 선지자를 불러 쓰시는 내용을 담고 있습니다. 하나님이 호세아에게 부정한 여자와 결혼하여 고생하는 사역을 맡기시는데, 특히 11장에서는 자식을 기르는 부모의 마음을 경험하게 하여 이 교훈을 주십니다.

호세아에게는 두 아들과 딸 하나가 있습니다. 하나님이 호세아를 음란한 여자와 부부로 묶어 경험하게 하신 일이 가진 놓을 수 없고 포기할 수 없는 사랑의 힘과, 그렇지만 타협하고는 살 수 없는 사랑의 순결함을 가르쳤던 것처럼 이제 호세아로 하여금 자식을 기르는 부모의 마음을 알게 하여 이스라엘을 꾸짖으며 은혜로운 말씀을 약속합니다. 8절을 보겠습니다.

에브라임이여 내가 어찌 너를 놓겠느냐 이스라엘이여 내가 어찌 너를 버리겠느냐 내가 어찌 너를 아드마 같이 놓겠느냐 어찌 너를 스보임 같이 두겠느냐 내 마음이 내 속에서 돌이키어 나의 긍휼이 온전히 불붙듯 하도다 (호 11:8)

아드마와 스보임은 소돔과 고모라가 멸망할 때 같이 멸망한 인근 마을입니다. 소돔과 고모라를 멸망시켰듯이 그들이 아무리 내 마음에 안 들고 잘못했다고 해서 놓아 버릴 수 있겠냐고 하시면서 다음과 같이 말씀하십니다.

내가 나의 맹렬한 진노를 나타내지 아니하며 내가 다시는 에브라임을 멸하지 아니하리니 이는 내가 하나님이요 사람이 아님이라 네 가운데 있는 거룩한 이니 진노함으로 네게 임하지 아니하리라 (호 11:9)

하나님의 사랑의 중요한 본질은 승리입니다. 포기할 수 없는 사랑의 진심과 타협할 수 없는 사랑의 순전함, 우리에게는 이 둘이 부딪힐 수 있습니다. 어느 쪽이 이깁니까? 우리는 이 둘을 같은 차원에 놓고 둘을 양립시키는 일, 말하자면 정의와 평화가 입 맞추는 그런 일이 불가능하게 보입니다. 정의로우면 꼭 싸우게 되고, 평화로우면 그냥 넘어가 줘야 할 것 같습니다. 어찌 보면 이 둘은 인간의 능력으로는 껴안을 수 없는 문제인데 하나님은 이 둘을 다 껴안으십니다. 어떻게 하십니까? 순전하게 만들어 그 사랑을 승리하실 것입니다. 이것이 호세아서의 가장 중요한 가르침입니다.

이는 마치 자식을 기르는 부모와 같습니다. 물론 육신의 부모도 자녀에게 최선을 다하지만 승리를 장담할 실력은 없습니다. 자기가 낳은 자식이면서도 자신이 원하는 것을 자식들한테 만들어 내지 못합니다. 안타까워하고 희생할 수 있지만 결과를 보장할 실력이 우리에게는 없습니다. 그러나 하나님에게는 있습니다. 이 부분이 놀랍습니다. 성경 전체의 가르침 중 매우 놀라운 부분입니다. 하나님이 그 사랑의 순전함과 승리를 어떻게 지켜내시는가 하는 주제야말로 우리가 믿는 하나님이 누구인가에 대한 중요한 내용이며 예수 그리스도로 말미암아 증거하시는 하나님의 놀랍고 중요한 자기 계시입니다.

호세아 11장 1절에서 4절을 보면, 하나님이 이스라엘 백성으로 출애굽의 과정을 회상하게 하여, 하나님이 어떻게 그들을 불러냈고 길러 냈는지 말씀하십니다. '내가 사람의 줄 곧 사랑의 줄로 그들을 이끌었고 그들에게 대하여 그 목에서 멍에를 벗기는 자 같이 되었으며'라고 하여 하나님이 이스라엘 백성을 짐승 다루듯 하지 않고 인격적 대상으로 대우하셨다고 합니다. 특히 '그 목에서 멍에를 벗기는 자'라는 구절을 통해 이스라엘 백성이 애굽에서는 짐승 대접을 받았지만 하나님은 그들을 구원하셔서 그들에게 목적하신 대로 그들을 인격적으로 대접하시며 사랑의 대상으로 부르셨음을 알 수 있습니다.

이어서 '그들 앞에 먹을 것을 두었노라'라고 하십니다. 우리말 성경은 이 구절을 조금 의역한 것인데 원문을 직역하면 '허리를 굽혀 먹여 줬노라'라는 뜻입니다. 우리도 자녀를 기를 때 자녀와 눈높이를 맞추어 보았을 것입니다. 이처럼 하나님은 허리를 굽혀 우리를 먹이셨습니다. 말하자면 이것이 출애굽이요, 예수 그리스도의 성육신입니다. 참으로 놀랍습니다.

하나님은 무에서 유를 창조하실 수 있는 분입니다. 하나님의 온전하심에 결함이 있을 수 없는데 이런 하나님이 한 인격을 항복시키기 위해서 속상해하시고 답답해하시고 분통이 터지는 과정을 거치시겠다는 것이 바로 성육신입니다. 우리가 기계적으로 하나님에게 굴복하거나 복종하기를 요구하시지 않고 우리의 자발적 순종과 감격으로 경배를 받으시며 사랑을 받아 내겠다고 하십니다. 이 부분이 부모와 자녀의 비유로서 여기 등장하는 것입니다.

하나님이 우리를 사랑하셔서 그 마음이 불붙듯 하시다고 합니다. 이 사랑이 승리할 수 있으며 순전함도 지킬 수 있는 것은 하나님은 인간이 아니라 하나님이시기 때문입니다. 하나님은 "나는 이것을 한다"라고 말하실 수 있는 분입니다. 능력의 차원에서만 하실 수 있다는 뜻이 아닙니다. 하나님은 우리의 항복을 받아 내시지만, 다만 우리 이해의 대상이 되는 정도를 넘어 하나님의 하나님 되심을 이 과정을 통하여 나타내시겠다는 것입니다. 하나님은 열 가지 재앙을 베풀 수 있고 홍해를 가를 수 있고 구름기둥과 불기둥으로 보호하실 수 있습니다. 그러나 그렇게 외적 환경이나 조건을 만족시키는 것보다 더 큰, 인격 사이에 일어나는 모든 과정을 통하여 당신을 나타내시고 경배받기 원하시는 일을 우선하시는 것에 하나님의 하나님 되심, 그분의 거룩함의 본질이 있다고 말씀하십니다.

정신과 상담의 대부분은 들어 주는 것이라고 합니다. 우리도 만나서 이야기해 보면 서로 자기 이야기를 하느라 상대방의 이야기를 들어 주지 않는 것을 봅니다. 가끔 〈아침마당〉

이라는 TV프로에서 어떤 주제를 놓고 여러 명이 나와서 대화하는 것을 보면, 아직까지 우리 사회에서는 상대방이 말을 여유롭게 끝낼 시간을 주지 않는 것 같습니다. 말을 맺기 전에 숨만 잠깐 쉬면 얼른 다른 사람이 탁 치고 들어옵니다. 그래서 말을 할 때는 숨도 안 쉬고 빨리합니다. 서로 발언하려고 전부 발뒤꿈치를 들고 있지 경청하지 않습니다. 경청하는 것은 대단한 실력입니다. 남의 이야기를 들어 주는 것은 굉장히 어렵습니다. 그래서 자꾸 언성이 높아집니다. 대화를 마치고 돌아와 보면 혼자 떠들었다는 것을, 그리고 상대방이 안 들었다는 것을 깨닫습니다. 어떻게 압니까? 자기도 안 들었으니까 압니다. 상대방이 무엇이라고 했는지 아무 기억도 없고 서로 주도권 싸움을 하다가 헤어진 것을 우리 모두 압니다.

그러나 하나님은 들으십니다. 시간을 두십니다. 참 놀랍습니다. 우리가 하나님의 일하심을 보며 가장 많이 놀라는 것은 우리에게 선택을 허락하시며 과정을 두시고 우리가 실수하는 것을 허용하신다는 사실입니다. 끝이 뻔한 일을 하나님이 허락하신다는 것입니다. 가끔 우리는 하나님 앞에 "하나님! 이 길이 틀렸다면 내 발이 이 길을 걸을 때 부러지게 해 주십시오"라고 기도할 때가 있습니다. 다들 해 본 적 없다는 표정인데 저는 해 보았습니다. "제가 만일 이 길로 가는 것이 하나님의 뜻이 아니라면 지진이 나서 쩍 갈라지든가 그쪽으로 가는 버스가 안 오게 해 주십시오"라는 소원처럼 하나님의 사랑이 무엇인지 모른 채 옳고 그른 것만이 전부인

기도를 해 본 적이 있습니다.

  신앙이나 하나님을 믿는 일이 옳고 그른 문제라고만 생각하기 때문입니다. 그런데 희한하게도 기도를 마치자마자 그 미스기 와서 탔는데 다 망하게 되면 우리는 하나님을 원망합니다. "하나님! 제가 기도하지 않았습니까? 이 길이 하나님의 뜻이 아니라면 버스가 오지 않게 해 달라고 제가 그렇게 기도했잖아요. 그런데 기도가 끝나자마자 버스가 와서 탔는데 이것이 어찌 된 일입니까?"라고 항의합니다. 하나님이 빙그레 웃으시며 "너 해 보고 싶은 것 해 보아라. 그리고 네 진심 밑바닥 가장 깊은 곳으로부터 가장 높은 자리까지 나에 대하여 항복해라" 이렇게 말씀하시는 것 같습니다.

  자녀를 길러 보면 알겠지만 말 참 안 듣습니다. 하기는 우리도 안 들었습니다. 우리도 우리 부모의 말을 안 들었고 우리 자식도 우리 말을 안 듣습니다. 나중에 잘못돼서 "너, 내가 그때 뭐라고 그랬냐, 내가 그때 안 된다고 하지 않았냐, 내가 안 된다고 했을 때 네가 부득부득 우기지 않았냐, 네가 책임진다고 하지 않았냐"라고 하면 애들은 "엄마가 더 우겼어야죠. 끝까지 말려 주셨어야죠"라고 합니다. 잘못돼도 자기 책임이라고 하지 않습니다. 결과로 드러난 사실을 놓고 "부모님이 맞았고 내가 틀렸구나"라며 부모에게 항복하지 않습니다. 오히려 부모가 따진다고 싫어합니다. 그래서 우리는 당대에 자녀들의 항복을 못 받아 내는 것 같습니다. 하나님이 가지신 사랑이 우리에게 없기 때문입니다. 하나님이 그것을 아십니다.

하나님이 이스라엘 백성을 건지실 때에, 애굽에서 그 큰 능력으로 꺼내셨는데, 40년 광야 생활을 그들이 견디는 것이 아니라 하나님이 견디십니다. 이스라엘 역사가 이 하나님의 견디심을 보여 주고 있다는 점에서 이 역사는 중요합니다. 젖과 꿀이 흐르는 땅을 주기 위하여 그 능력으로 꺼낸 이스라엘 백성에게 40년 광야 생활을 하게 하고, 가나안에 들여보내 사사 시대를 맞고, 남북 왕조로 갈리고, 멸망하여 바벨론의 포로가 되고, 성전이 파괴되는 등, 하나님이 당신이 망신당하는 것을 허락하십니다. 그러나 이는 이스라엘을 정결케 하기 위해서입니다. 순전한 사랑을 이루기 위해서입니다. 순전한 사랑은 순전함을 지키기 위해서가 아니라 사랑을 지키기 위해서입니다. 순전한 사랑을 지키기 위하여 하나님은 그 모든 과정을 극복하시며 결과적으로 승리케 하실 것입니다. 여기에 하나님의 무서움이 있습니다.

히브리서 12장에 가 봅시다. 이 말씀이 하나님이 어떤 분인가에 대한 이해를 더 깊게 해 줄 것입니다.

이러므로 우리에게 구름 같이 둘러싼 허다한 증인들이 있으니 모든 무거운 것과 얽매이기 쉬운 죄를 벗어 버리고 인내로써 우리 앞에 당한 경주를 하며 믿음의 주요 또 온전하게 하시는 이인 예수를 바라보자 그는 그 앞에 있는 기쁨을 위하여 십자가를 참으사 부끄러움을 개의치 아니 하시더니 하나님 보좌 우편에 앉으셨느니라 너희가 피곤하여 낙심하지 않기 위하여 죄인들이 이같이 자기에게 거역한 일을 참으신 이를 생각하라 너희가 죄와 싸우되 아직 피흘리기까지는 대항하지 아니하고 또 아들들에게 권하는 것 같이 너희에게 권면하신 말씀도 잊었도다 일렀으되 내 아들아 주의 징계하심을 경히 여기시 말며 그에게 꾸지람을 받을 때에 낙심하지 말라 주께서 그 사랑하시는 자를 징계하시고 그가 받아들이시는 아들마다 채찍질하심이라 하였으니 너희가 참음은 징계를 받기 위함이라 하나님이 아들과 같이 너희를 대우하시나니 어찌 아버지가 징계하지 않는 아들이 있으리요 징계는 다 받는 것이거늘 너희에게 없으면 사생자요 친아들이 아니니라 또 우리 육신의 아버지가 우리를 징계하여도 공경하였거든 하물며 모든 영의 아버지께 더욱 복종하며 살려 하지 않겠느냐 그들은 잠시 자기의 뜻대로 우리를 징계하였거니와 오직 하나님은 우리의 유익을 위하여 그의 거룩하심에 참여하게 하시느니라 무릇 징계가 당시에는 즐거워 보이지 않고 슬퍼 보이나 후에 그로 말미암아 연단 받은 자들은 의와 평강의 열매를 맺느니라 그러므로 피곤한 손과 연약한 무릎을 일으켜 세우고 너희 발을 위하여 곧은 길을 만들어 저는 다리로 하여금 어그러지지 않고 고침을 받게 하라 (히 12:1-13)

무슨 말씀을 하는 것 같습니까? 너희는 하나님 아버지의 자식이기 때문에 대충 넘어갈 수 없다, 하나님의 자녀들이 어떻게 인내하고 고난을 감수했는지 기억하라고 합니다. 이 말씀의 앞이 히브리서 11장 곧 '믿음장'입니다. 믿음의 위인들을 나열하는 정도가 아닙니다. 저들이 어떻게 고난을 이겼으며 믿음을 지켰는가 하는 측면만 있는 것이 아니라 좋은 믿음을 가지고도 무엇을 견뎌야 했는가를 말씀하고 있습니다.

좋은 믿음을 가지면 보상을 받는 것이 아니라 더 정하게 하기 위하여 하나님이 더 혹독하게 연단하시는 것을 모르느냐, 하나님은 너희 아버지이시므로 징계하시는 것이다, 자식을 방치하는 부모가 어찌 있겠느냐, 어찌 내버려 둘 수 있겠느냐, 어떻게 대강 타협하겠느냐, 그럴 수 없다는 말씀입니다. 그래서 결론이 무엇입니까? 12절과 13절을 다시 봅시다.

> 그러므로 피곤한 손과 연약한 무릎을 일으켜 세우고 너희 발을 위하여 곧은 길을 만들어 저는 다리로 하여금 어그러지지 않고 고침을 받게 하라 (히 12:12-13)

엄살떨지 말라는 말씀입니다. 무슨 엄살일까요? "이렇게 몰아대면 저 죽습니다"와 같은 것입니다. "하나님, 제가 어떻게 하면 복을 주실 것입니까?"라고 물으면, 하나님은 "그따위 이야기하지 마라. 너는 내 자식이다. 나는 네가 고작 평균 80점에 머물기를 원하지 않는다. 나는 120점을 원한다. 고단하냐? 거기가 끝이 아니다"라고 말씀하십니다. 우리는 "하나님, 너무하십니다"라고 말하고 싶을 것입니다. 우리는 고통을 가장 중요한 문제로 여기기 때문입니다. 그러나 하나님은 그렇지 않습니다. 무에서 유를 창조하신 하나님, 여기에 하나 더 큰 능력으로 찾아오신 것이 무엇입니까? 죽은 자를 살리시는 능력으로 우리를 찾아오시는 것입니다. 죽은 자를 살리시는 하나님, 우리를 고치시며 회복시키시는 하나님, 우리의 고집을 정면으로 맞받으시는 하나님, 우리의 비명과 거부와 분노를 받아 내시는 하나님, 도망가시지 않는 하나님, 외면하시지 않는 하나님, 쉽게 해결하시지 않는 하나님, 이것이 이스라엘 역사이고 그 아들을 보내신 하나님의 하나님 되심에 대한 가장 대표적인 본질입니다. 예수 믿고 사는데 왜 고단할까요? 하나님이 우리가 한 것으로는 충분하지 않다고 하셔서 고단합니다. 우리가 보기에는 이만하면 괜찮다는 생각이 드는데 말입니다. 우리가 이만하면 괜찮다고 할 때의 기준이 무엇인가 보십시오. 잘했다, 잘못했다 뿐이지 않습니까?

잘했다, 잘못했다, 이런 기준 하나로 자녀를 기르시겠습니까? 그럴 수 없습니다. "애야, 밥 먹을 때 그렇게 소리 내는 것 아니다. 사람하고 대화할 때는 눈을 쳐다보고 말해라. 누가 이야기할 때 끼어들어 오지 마라"라고 하면, 자녀는 "그것이 뭐가 중요해요?"라고 따질 것입니다. 이럴 때 윽박지르지 말고 "부모가 그렇다고 하면 그런 줄 알고 따르라"라고 말하십시오.

하나님이 우리에게 그렇게 하십니다. 우리는 언제나 하나님 앞에 "내가 언제 도둑질했어요? 아니면 거짓말을 하거나 사기를 쳤어요? 내 이기심 때문에 과도한 요구를 했어요? 그런데 하나님, 왜 이런 현실이 주어지는 것입니까?"라고 불평하면, 하나님은 "나는 네가 하나님의 자녀라는 사실을 이해하고 자랑스럽게 생각하기를 원한다. 나는 너희에게 아버지이고 싶다"라고 하십니다. 우리의 기준이 기껏 고통을 면하고 옳고 그른 것을 나누는 데에 불과한 반면, 하나님은 우리에게 얼마나 큰 기준과 목적을 가지시는지 놀랍고 놀라울 뿐입니다. 하나님이 이것을 이스라엘 역사 속에서 증언하셨습니다. 히브리서 12장에는 다음과 같은 말씀이 있습니다.

너희가 피곤하여 낙심하지 않기 위하여 죄인들이 이같이 자기에게 거역한 일을 참으신 이를 생각하라 (히 12:3)

하나님은 그저 인내심이 많은 정도가 아닙니다. 그런 과정을 각오하시고 몸소 실천해 오셨습니다. 광야 40년을 허락하시고 이스라엘 백성과 같이 고난 받으셨습니다. 이스라엘의 못난 것으로 말미암아 하나님이 애타십니다. 이스라엘이 바벨론의 포로가 되어야 하는 일을 결정하십니다. 내어 주시고 당신의 이름이 더럽혀지는 것을 감내하십니다. 쉽게 생각하지 마라, 너희를 부른 것은 너희 생각보다 크고 영광스럽고 무서운 것이란다, 그렇게 이야기하십니다.

나이를 많이 먹으니 신앙생활하는 것 이제 겁나지 않습니다. 세상은 거듭거듭 눈에 보이는 보상으로 증거하라고 우리를 유혹합니다. 너 예수 믿어서 얻은 것이 무엇이냐, 너 무슨 보상을 받았느냐, 너 부자 됐냐, 너 건강하냐, 이렇게 물어봅니다. 우리도 여기에 깜빡 넘어가곤 합니다. 평생을 이렇게 열심히 살았는데 이것이 뭘까, 하는 생각이 들 수 있습니다. 아니요. 그렇지 않습니다.

저는 이제 세상이 겁나지 않습니다. 세상은 우리에게 줄 것도 빼앗아 갈 것도 없습니다. 인간의 인간 된 가장 큰 보상은 하나님을 아는 것이며 예수 그리스도 안에 있는 하나님의 인격과 만나는 것입니다. 이보다 놀라운 것은 없습니다. 하지만 늘 어렵습니다. 교회라는 신앙 공동체 내에서 이 일로 서로 격려하는 일은 잠시 잠깐 뿐입니다. 현실의 무게가 너무 커서 마치 우리는 늘 지는 자 같고 흔들리는 자 같고 답답함 속에 있는 자 같을 수 있습니다. 그러나 그렇지 않습니다.

믿음이 무엇이냐고 제게 물으면 '믿음은 부정할 수 없는 것'이라고 정의하고 싶습니다. 무엇을 부정할 수 없죠? 하나님을 아는 것을 부정할 수 없습니다. 우리의 영과 의지와 판단과 지성이 결단하고 책임을 지는 것을 신앙이라고 부르지 않습니다. 우리가 비명을 지르고 도망 다니고 타협해도 부정할 수 없는 것이 있습니다. 그것은 바로 하나님이 누구신지를 아는 것, 하나님밖에 우리의 답이 없음을 아는 것, 그것을 우리가 떨쳐 버릴 수 없습니다. 다른 것으로 평계 대면 결국 답이 아니라는 것을 우리 자신이 압니다. 그러니 돌아올 수밖에 없습니다.

이제 각자 신앙생활을 다시 한 번 확인해 보십시오. 도대체 누구에게 무엇을 확인받고 싶은 것인지 스스로 물어보십시오. 사람 앞에 자기 사정을 이해시키고, 자신이 신앙인이라는 사실을 현실에서 보상받는 정도로 신앙을 내어 주지 마십시오. 하나님이 그러신 것처럼 우리는 우리의 인생과 현실을 바쳐야 합니다. 그것은 다만 치성이거나 조건이 아니라 신자 된 우리의 복입니다. 하나님의 영원한 목적입니다.

호세아서 11장에서 본 하나님의 무시무시하심은 바로 우리의 신앙 현실에 이렇게 말씀하시는 내용과 연결되어 있습니다. 우리가 직면하는 현실과 삶이 앞으로 어떻게 될 것인가로 문제를 풀려 하지 마시고, 자신의 문제를 통하여 우리 신앙과 하나님을 아는 지식과 그 믿음을 지켜 내시기를 바랍니다.

기도

하나님 아버지, 은혜를 감사합니다. 하나님이 우리 아버지가 되시고, 우리는 그의 자녀가 되었으니 참으로 감사합니다. 하나님이 우리를 향하여 가지신 진심과 거룩하심으로 우리를 깨우치셨으니 우리도 진심과 인생을 바치게 하옵소서. 그것이 우리의 복인 줄 알게 하옵소서. 하나님의 자녀라는 이름이 갖는 이 영광을 우리 삶에서 구현해 내고 지켜 내고 자랑하고 감사할 줄 아는 우리가 되게 하여 주옵소서. 그 옛날 아브라함을 부르시고 모세를 부르시고 호세아를 부르시고 그 백성을 꾸짖으시되 하나님의 거룩하심으로 꾸짖으신 그 하나님의 하나님 되시는 목적과 내용에 우리가 수혜자인 줄 기억하는 올바른 신앙으로 우리 삶을 바치게 하옵소서. 예수님 이름으로 기도합니다. 아멘.

14 하나님 찾아오시다

¹에브라임은 바람을 먹으며 동풍을 따라가서 종일토록 거짓과 포학을 더하여 앗수르와 계약을 맺고 기름을 애굽에 보내도다 ²여호와께서 유다와 논쟁하시고 야곱을 그 행실대로 벌하시며 그의 행위대로 그에게 보응하시리라 ³야곱은 모태에서 그의 형의 발뒤꿈치를 잡았고 또 힘으로는 하나님과 겨루되 ⁴천사와 겨루어 이기고 울며 그에게 간구하였으며 하나님은 벧엘에서 그를 만나셨고 거기에서 우리에게 말씀하셨나니 ⁵여호와는 만군의 하나님이시라 여호와는 그를 기억하게 하는 이름이니라 ⁶그런즉 너의 하나님께로 돌아와서 인애와 정의를 지키며 항상 너의 하나님을 바랄지니라 ⁷그는 상인이라 손에 거짓 저울을 가지고 속이기를 좋아하는도다 ⁸에브라임이 말하기를 나는 실로 부자라 내가 재물을 얻었는데 내가 수고한 모든 것 중에서 죄라 할 만한 불의를 내게서 찾아 낼 자 없으리라 하거니와 ⁹네가 애굽 땅에 있을 때부터 나는 네 하나님 여호와니라 내가 너로 다시 장막에 거주하게 하기를 명절날에 하던 것 같게 하리라 ¹⁰내가 여러 선지자에게 말하였고 이상을 많이 보였으며 선지자들을 통하여 비유를 베풀었노라 ¹¹길르앗은 불의한 것이냐 과연

그러하다 그들은 거짓되도다 길갈에서는 무리가 수송아지로 제사를 드리며 그 제단은 밭이랑에 쌓인 돌무더기 같도다 ¹²야곱이 아람의 들로 도망하였으며 이스라엘이 아내를 얻기 위하여 사람을 섬기며 아내를 얻기 위하여 양을 쳤고 ¹³여호와께서는 한 선지자로 이스라엘을 애굽에서 인도하여 내셨고 이스라엘이 한 선지사모 보호 받았거늘 ¹⁴에브라임이 격노하게 함이 극심하였으니 그의 주께서 그의 피로 그의 위에 머물러 있게 하시며 그의 수치를 그에게 돌리시리라 (호 12:1-14)

우리는 지금껏 호세아서를 통해 이스라엘 백성이 배반하고 불순종하며 하나님의 백성으로서 책임 있게 살아야 하는 실제적 특권이자 자랑인 신앙은 놓친 채, 현실적으로 필요한 정치나 경제의 조건을 만족시키기 위해서 하나님을 섬기는 신앙을 왜곡하여 신앙을 하나의 형식으로 치부해 온 소행을 살펴보았습니다. 이스라엘은 자기네들의 실제 욕심을 이루기 위하여 우상을 섬기고 하나님과 우상을 대등한 존재로 치부하면서도 잘못을 깨닫지 못하자 하나님은 이제 그들을 앗수르에 포로로 넘기시려고 합니다.

하나님은 다만 이스라엘의 잘잘못을 가리려고 하시는 것이 아닙니다. 이스라엘을 사랑하시기 때문에 그들의 범죄와 배반을 얼마나 가슴 아파하시고 괴로워하시는가 하는 하나님의 심정에 호세아 선지자로 하여금 동참하게 하여 하나님이 어떤 분이시며 이스라엘에게 어떤 하나님이신가를 깨우치십니다. 그러나 이런 하나님의 아파하심과 경고로 인해 이스라엘이 돌이키거나 회개했다는 기록은 없습니다. 그들은 선지자의 계속된 경고와 깨우침에도 불구하고 고집을 부려 기어코 멸망의 자리에 갑니다.

이렇게 되면 큰 질문 두 가지가 남습니다. 하나는 하나님의 수고가 헛된 것인가, 다른 하나는 이스라엘 백성이 하나님에게 불순종하여 결국 멸망하고도 다시 회복되는 이유는 무엇인가 하는 것입니다. 말하자면, 하나님의 사랑과 능력이 인간의 거부나 못남으로 좌절될 수 있는가 하는 문제와 만일 저들이 잘못해서 포로로 넘겨졌다면 그것으로 끝인가 하는 질문으로 풀어볼 수 있습니다. 이것으로 끝이 아니라는 사실을 포로에서의 귀환과 예수 그리스도의 오심을 통해 우리는 알고 있습니다. 그러면 이런 이스라엘의 회복과 연속성은 무엇에 근거한 것인가 하는 문제가 남습니다.

호세아서의 결론에 해당하는 12장에서 14장은 이 주제를 다룹니다. 하나님이 이스라엘을 사랑하신다는 것이 무슨 뜻이며, 이스라엘이 범죄했다는 것이 무슨 뜻인가가 결론으로 정리될 것입니다.

여기서 우리는 하나님이 이스라엘을 그 민족의 선조인 야곱과 방불한 존재로 보신다는 점에 초점을 두어 살펴보려고 합니다. 2절을 보겠습니다.

> 여호와께서 유다와 논쟁하시고 야곱을 그 행실대로 벌하시며 그의 행위대로 그에게 보응하시리라 (호 12:2)

야곱에게 새롭게 준 이름이 이스라엘인데, 이 이름이 나중에 국호가 됩니다. 여기서 야곱은 이스라엘 나라의 조상으로서 하나님이 이스라엘 민족에 대하여 "너희는 야곱의 후손이므로 야곱과 똑같은 존재다"라고 하신 말씀에서 등장합니다. 3절 이하를 봅시다.

> 야곱은 모태에서 그의 형의 발뒤꿈치를 잡았고 또 힘으로는 하나님과 겨루되 천사와 겨루어 이기고 울며 그에게 간구하였으며 하나님은 벧엘에서 그를 만나셨고 거기에서 우리에게 말씀하셨나니 (호 12:3-4)

야곱이 에서의 발뒤꿈치를 잡은 일은 우리가 잘 아는 사건입니다. 야곱은 태어날 때에 맏이가 되려고 쌍둥이 형과 싸우다가 이기지 못하고 뒤처지게 되자 결국 형 에서의 발뒤꿈치를 붙잡고 나옵니다. 야곱은 '발뒤꿈치를 잡았다'라는 뜻으로 의역하면 '약탈자'입니다. 약탈자란 자기의 필요를 채우기 위하여 누구의 것을 빼앗아 가는 자입니다. 야곱이 바로 그런 약탈자라는 것입니다. 그는 모태에서부터 그랬습니다. 계속해서 4절을 봅시다.

천사와 겨루어 이기고 울며 그에게 간구하였으며 (호 12:4상)

이 구절의 배경은 얍복 나루터입니다. 야곱은 팥죽 한 그릇으로 형 에서에게서 장자의 명분을 빼앗고, 어머니와 짜고 아버지를 속여 장자의 복을 받아 냅니다. 형 에서의 미움을 받자 야곱은 외삼촌 집에 피난 갔다가 20년 동안 거기서 일하여 부자가 됩니다. 다시 돌아와 형의 복수를 면하기 위하여 몸부림쳤던 곳이 바로 얍복 나루터입니다.

야곱은 하나님의 사자와 겨루어 이깁니다. 이 표현은 좋은 의미로 쓰인 것이 아닙니다. 끝까지 고집을 꺾지 않은 욕심 덩어리, 자기 뜻을 이루기 위하여 온갖 술수를 자행한 모략꾼이라는 의미로 등장한 표현입니다. '이기고 울며 그에게 간구하였으며'라는 구절에서 야곱을 이긴 자로 표현한 것은 하나님의 뜻과 목적을 끝까지 승낙하지 않았던 존재로 묘사하고 있음을 알 수 있습니다.

옛 사건을 다시 언급하는 이유는 이스라엘을 꾸중하기 위해서입니다. 너희 나라의 이름인 이스라엘은 야곱에서 유래한 것인데 이 이름은 너희 조상이 어떤 존재인지를 말해 준다, 하나님 말씀에 끝까지 순종하지 않았던 고집쟁이라는 뜻이 '이스라엘'이라는 이름 속에 들어 있다는 것입니다. 이는 역사적 사실입니다.

야곱의 생애에서 벧엘 사건은 얍복 나루터 사건보다 먼저 나오지만, 호세아서에서는 벧엘 사건을 얍복 나루터 사건보다 나중에 언급합니다. 야곱은 형 에서를 피하여 외삼촌 집으로 가는 길에 벧엘에서 돌베개를 하고 자다가 하나님을 만납니다. 하나님은 아브라함에게 하셨던 약속을 근거로 야곱에게 축복합니다. 창세기 28장을 찾아봅시다.

야곱이 브엘세바에서 떠나 하란으로 향하여 가더니 한 곳에 이르러는 해가 진지라 거기서 유숙하려고 그 곳의 한 돌을 가져다가 베개로 삼고 거기 누워 자더니 꿈에 본즉 사닥다리가 땅 위에 서 있는데 그 꼭대기가 하늘에 닿았고 또 본즉 하나님의 사자들이 그 위에서 오르락내리락 하고 또 본즉 여호와께서 그 위에 서서 이르시되 나는 여호와니 너의 조부 아브라함의 하나님이요 이삭의 하나님이라 네가 누워 있는 땅을 내가 너와 네 자손에게 주리니 네 자손이 땅의 티끌 같이 되어 네가 서쪽과 동쪽과 북쪽과 남쪽으로 퍼져나갈지며 땅의 모든 족속이 너와 네 자손으로 말미암아 복을 받으리라 내가 너와 함께 있어 네가 어디로 가든지 너를 지키며 너를 이끌어 이 땅으로 돌아오게 할지라 내가 네게 허락한 것을 다 이루기까지 너를 떠나지 아니하리라 하신지라 (창 28:10-15)

여기서 야곱은 하나님의 인도하심이라는 큰 통치 속에서 자기에게 일어난 현실을 신앙으로 이해하고 순종하는 일에 전혀 관심이 없는 사람을 대표합니다. 그는 보이는 것을 목적으로 삼고 그것을 얻기 위하여 보이는 방법을 사용하는 자입니다. 이런 사람이 바로 야곱입니다. 지금 이스라엘을 꾸중하는 내용과 동일합니다.

이스라엘이 국가적으로나 개인적으로 부요와 안정을 누리기 위하여 우상을 섬긴 것같이, 저들에게는 보이는 것이 전부요 목표이고 내용이며 이를 위해서 보이는 힘을 차용한 것은 사실 옛적에 야곱이 다 했던 행위라는 것입니다. 이스라엘이라는 이름이 바로 야곱에서 유래했다, 너희는 원래 그런 족속이었다, 그런 말씀입니다. 그렇다면 이 말씀이 "너희는 내가 더 이상 어떻게 할 수 없으니 너희 마음대로 살라"라고 하시는 하나님의 포기이거나 마지막 경고일까요? 그렇지 않습니다. 이런 야곱에 대해 벧엘에서 만난 하나님은 아브라함에게 하셨던 약속으로 그를 축복합니다. 이 내용이 창세기 28장 13절 이하에 나옵니다.

또 본즉 여호와께서 그 위에 서서 이르시되 나는 여호와니 너의 조부 아브라함의 하나님이요 이삭의 하나님이라 네가 누워 있는 땅을 내가 너와 네 자손에게 주리니 네 자손이 땅의 티끌 같이 되어 네가 서쪽과 동쪽과 북쪽과 남쪽으로 퍼져나갈지며 땅의 모든 족속이 너와 네 자손으로 말미암아 복을 받으리라 (창 28:13-14)

이는 분명 아브라함에게 하셨던 약속입니다. '너와 네 자손으로 말미암아 복을 받으리라'라는 이 약속은 하나님이 하나님이시기 때문에 주신 약속입니다. 이 약속을 받을 만한 조건이나 복을 받을 조건이 야곱에게 있어서가 아닙니다. 하나님이 야곱의 어떤 조건을 보고 보상하신 것이 아니라 하나님이 홀로 하나님이시기 때문에 누구와 의논할 필요 없고 누구와 합의할 필요 없이 당신의 온전하심으로 작정하시고 그것을 그 대상에게 약속하시고 이루실 수 있다는 것입니다.

이런 이야기를 하면, '그럼 우리는 뭔가?' 히면서 숙명론자나 결정론자가 되어 버립니다. 하나님이 작정하신 것이 다 그대로 이루어질 것이라면 우리의 책임이나 선택이나 노력이 무슨 소용이 있으며 시행착오라는 것이 허락되겠는가, 그런 것이 가능하겠는가, 라는 질문이 나옵니다.

하나님은 당신의 뜻을 이루시는 일에 우리와 씨름하십니다. 이는 야곱에게 이미 있었던 일이고 이스라엘 역사에서도 나타났던 일입니다. 참으로 신비합니다. 성공해야만 그 결과가 나옵니까? 아닙니다. 순종해야만 나올 수 있는 조건이 실패와 반대 속에서도 동일한 목적을 이루는 것입니다. 우리가 늘 혼동하는 대목입니다. 최선을 다하지 않아도 된다든가, 모든 책임이 하나님에게 있다는 뜻이 아닙니다. 약속하신 하나님의 하나님 되심으로 말미암아 그 약속이 취소될 수 없으며, 그렇기 때문에 하나님이 우리의 거부와 반대를 받아들이신다는 것입니다. 우리의 현실에 대한 성경의 조명이 여기 있습니다.

그런데 우리는 겨우 이렇게밖에 이해하지 못합니다. '내가 그때 말씀을 안 들어서 이 꼴이 되었구나.' 이것이 우리가 후회하고 회개하는 논리의 전부입니다. '내가 하나님의 말씀을 잘 들었더라면 이 꼴을 안 당했을 텐데, 말씀대로 안 살아서 이 꼴이 되었구나.' 이는 물론 정당한 분석이지만 처음부터 인간은 하나님의 말씀을 다 받아들이고 순종할 만한 실력이나 유전인자를 갖고 태어나지 않았습니다. 이 부분이 우리를 놀라게 합니다. "이스라엘아, 너희가 이 모양 이 꼴인 것은 너희에게만 일어난 일이 아니라 너희 조상에게서 물려받은 유전인자니라"라고 하시는 것입니다.

그러면 우리는 "하나님, 그렇다면 야곱을 조상으로 하여 이 민족을 이루시지 말고 괜찮은 사람으로 민족을 이루시지 왜 하필 야곱의 인자를 받게 하셨습니까?"라고 합니다. 이러한 질문은 "우리가 아담의 후손이라서 죄인으로 태어났고 죄성이 우리의 본성이니까 창세기 3장에서 인류가 타락했을 때 다 쓸어버리시고 4장에서 새로 인간을 만들지 그러셨어요?"라는 데로 돌아갑니다.

아닙니다. 하나님은 이 일을 위해 예수를 보내십니다. 그러나 예수가 오기까지 긴 시간이 걸리므로 우리는 이를 잘 이해하지 못합니다. 왜 우리를 죄인으로 태어나게 하여 예수 그리스도로 우리 죄를 위하여 죽게 하시고 다시 살아나게 하셔서 그의 후손으로 데려가시는지, 그런 시간과 과정이 있다는 것이 우리는 이해되지 않습니다. 그러나 시간과 공간을 초월하시는 하나님 쪽에서 보면 아담은 실패해서 죽이고 예수로 새로운 인류의 조상을 삼아 우리를 만들었다고 성경은 이야기하는 것입니다.

그렇다면 시간과 순서가 필요한 긴 과정이란 무엇입니까? 우리는 도무지 알 수 없습니다. 다만 아는 것은 이것입니다. 예수를 보내신 그 사랑과 성실로 우리가 아담의 후손으로 태어났다는 것, 아담의 선택을 존중하시지만 그가 초래한 결과가 우리의 비극적 결과로 이어지도록 놓아두지 않으셨다는 것, 우리가 잘못한 것을 우리로 경험하게 하시며 우리의 본성적 불신앙과 배반을 하나님이 감내하시면서 씨름하신다는 사실만 알 뿐입니다. 그리하여 우리라면 창세기 4장으로 끝났을 성경을 66권까지 이어지도록 그 긴 기간에 걸쳐 우리 마음에 항복을 받아 내시더라는 것입니다.

우리는 이스라엘이 포로가 된 것이 손해가 아님을 이제 호세아서를 통하여 알게 됩니다. 창세기 28장에 나온 야곱의 생애 속에서 확인하는 바와 같이, 그가 잘한 것이 없어도 하나님이 야곱에게 복을 주시는 것은 결국 하나님이 아브라함에게 하신 약속 때문입니다. 이 점이 중요합니다. 아브라함에게 하신 약속이란 인간에게 조건이나 자격을 묻지 않고 하나님이 복을 주시기로 작정하신 첫 대표자가 아브라함이라는 의미입니다. 아브라함이 우리와 달라서 제2의 아담을 만든 것이 아닙니다. 아브라함은 예수 안에서 하나님의 약속을 받은 것입니다. 말하자면 예수로 말미암아 세울 하나님의 새로운 백성이 하나님의 성실하심과 은혜로 복을 받게 될 것을 처음으로 선포하고 약속한 사람이 아브라함일 뿐입니다. 우리는 아브라함과 차이가 없습니다. 예수 안에서 동일합니다. 그러니 이 약속을 이루는 데에 다음 구절이 중요합니다. 창세기 28장 15절을 다시 보겠습니다.

내가 너와 함께 있어 네가 어디로 가든지 너를 지키며 너를 이끌어 이 땅으로 돌아오게 할지라 내가 네게 허락한 것을 다 이루기까지 너를 떠나지 아니하리라 하신지라 (창 28:15)

이 구절을 인간적인 관점으로만 이해하면 하나님, 결국 이렇게 하실 것이었다면 외삼촌 집에서 20년이나 방황하게 놓아둘 필요가 도무지 없지 않습니까, 지금 여기 벧엘에서 하시면 되지 않습니까, 라는 질문이 나옵니다. 그러나 하나님은 그렇게 하지 않으십니다.

 북 왕조 이스라엘이 멸망할 무렵의 벧엘은 우상숭배가 횡행했던 대표 도시입니다. 원래 이곳 이름은 '루스'였는데, 야곱이 하나님을 만나 그 이름이 '벧엘'로 바뀝니다. 벧엘은 '하나님의 집'이라는 뜻입니다. 그러나 북 왕조 이스라엘에서는 하나님의 집 벧엘이 국가적으로 우상을 섬기고 산당을 만들어 신성모독과 배은망덕한 짓을 하는 곳이 되어 버립니다.

 야곱이 하나님의 일하심에 대한 아무런 이해 없이 자기

인생을 자기 뜻과 욕심을 근거로 하여 초래한 피난길에 하나님이 나타나셔서 아브라함에게 하셨던 그 약속, 하나님의 의로우심과 선하심과 자비하심과 전능하심에 근거하여 주신 약속을 선포하신 것입니다. 내가 너와 함께 있어 네가 어디로 가든지 너를 지키며 너를 이끌어 이 땅으로 돌아오게 할지라, 내가 네게 허락한 것을 다 이루기까지 너를 떠나지 아니하리라고 하십니다.

어느 목사님한테 이런 질문을 받은 적이 있습니다. "목사님은 어떻게 그리 설교를 잘하십니까? 은사입니까, 아니면 공부해서 그런 것입니까?"라고 물어 왔습니다. 좀 낯간지러운 이야기지만 우리 다 아는 이야기니 그냥 합시다. 무슨 의미의 질문인지 제가 금방 알아듣고 이렇게 대답했습니다. "그것은 은사도 아니고 노력도 아닙니다. 제가 설교를 잘하는 것은 하나님을 찾느라고 방황한 현실 경험이 너무 많기 때문입니다." 이렇게 말해도 아마 이해가 쉽지는 않을 것입니다. 하나님이 우리를 항복시킬 때에 가장 먼저 허락하시는 중요한 일은 하나님 없이 사는 것이 어떤 것인가를 경험하게 한다는 사실입니다. 내버려 두셨다가 기한이 되면 찾아오시는 것이 아닙니다. 우리가 자신의 정체와 가능성을 알고 소원을 이루기 위하여, 그다음에는 우리의 소원이 이루어지지 않는 한계와 현실을 이해하기 위하여, 방황하며 거부하며 비명 지르는 모든 경우와 자리에 하나님이 동행하십니다. 어느 자리든지 말입니다.

우리는 결국 어디에서 항복합니까? 우리가 간절히 기도했더니 하나님이 답하시는 것도 아니요, 해 보고 해 보고 다 해 보다 드디어 다른 방법이 없어서 자신을 집어던졌더니 하나님이 받아 주시는 것도 아닙니다. 따지고 보면 어느 경우도 내가 혼자가 아니었다는 것을 어느 날 하나님을 만났을 때 알게 됩니다. 그때 우리는 울어 버립니다. 하나님이 늘 함께하셨는데도 내가 그동안 몰랐다는 것이 한꺼번에 응축하여 눈물로 터지는 것입니다. 하나님은 늘 옆에 계셨는데 나는 내 갈 길 돌아다니고 자기 확인하느라 옆에 계신 하나님을 몰라보았다, 여태껏 혼자 걷고 혼자 억울하다고 생각했던 모든 경우와 모든 자리, 그 모든 기가 막힌 경우에 하나님이 함께해 주셨다는 데에 녹아 버리는 것입니다.

신앙 간증을 들을 때 가장 놀라는 것은 간증이 정말 극적이라는 사실입니다. 하나님 없이 살던 삶이 우리 경험을 상회하는 현실이라는 점에 대해서도 놀라고 약 먹고 죽으려고 하고 뛰어내려 죽으려고 한 어떤 상황에서 극적 반전을 이루어 주시는 데 대해서도 놀랍니다. 그런데 무엇보다 간증의 놀라운 힘은 그것을 잘 설명하는 데에 있지 않고 본인이 실제로 그 길을 걸었다는 점에 있습니다. 말의 앞뒤가 맞지 않는데도 본인이 그 길을 걸었고 그 경우를 만났고 본인이 울고 폭발했고 본인이 무릎 꿇어서 체험한 간증이기 때문에 힘 있고 놀라운 것입니다.

그러니 그것이 은사냐, 노력이냐, 이렇게 묻는 것은 정말 초점에서 벗어나 있는 것입니다. 하나님이 어떤 분이시냐 물었을 때에, 하나님을 얼마나 잘 설명할 수 있느냐 하는 것은 무의미합니다. 이것은 설명해서 항복할 수 있는 문제가 아닙니다. 우리 삶의 모든 구체적인 경우와 곡절에 실제로 하나님이 함께하셨다는 사실이 우리로 하여금 하나님에게 항복하게 하며 하나님의 하나님 되심으로 만족하게 만드는 것입니다. 그것이 이제 이스라엘에게 동일하게 선언됩니다.

'내가 너와 함께 있어 네가 어디로 가든지 너를 지키겠다'라는 약속이 본문에서는 바로 이런 식으로 나옵니다. 야곱과 이스라엘 나라가 어떤 존재인가에 대해서, 그들이 존재론적으로 얼마나 악하며 본성적으로 얼마나 못난 존재인가에 대해서 야곱의 인생으로 증언하십니다. 5절을 봅시다.

여호와는 만군의 하나님이시라 여호와는 그를 기억하게 하는 이름이니라 그런즉 너의 하나님께로 돌아와서 인애와 정의를 지키며 항상 너의 하나님을 바랄지니라 (호 12:5-6)

'이렇게 하면 하나님이 용서해 주신다'라는 법칙으로 인애와 정의가 있는 것이 아니다, 야곱은 못난 자인데 그가 한 짓에 대한 보상관계로는 얻지 못할 결과를 어떻게 얻게 되었는가를 생각해 보라, 이는 하나님의 하나님 되심 때문이다, 너희의 고집과 불순종으로 말미암은 결과를 너희가 보아야 하는데 이는 너희가 앗수르의 포로가 되는 것이다, 그러나 그렇다고 해서 내가 그 자리에 함께하지 않고 너희를 앗수르에 내던지는 것 아니다, 거기서도 나는 너희와 함께할 것이다, 나와 함께 있으면 꼭 해야 하고 어느 곳에서나 할 수 있는 것이 있다, 그것은 인애와 정의를 지키며 항상 나 하나님을 바라는 것이다, 라고 말씀하십니다.

그러므로 구약시대의 하나님을 섬기는 신앙과 신약시대의 기독교 신앙의 핵심은 보상의 원리나 권력의 문제가 아니라는 것을 알 수 있습니다. 보상이란 아차 잘못하면 우리가 원하는 것을 목적으로 하여 하나님과의 관계를 이해관계로 묶어 버립니다. 또 우리가 원하는 환경과 조건을 위하여 하나님이 다만 수단이고 힘이길 바라게 됩니다. 하나님이 야곱을 놓아두신 생애 속에서도 이스라엘을 앗수르에 넘긴 이 큰 역사적 비극 속에서도 사실 하나님은 야곱을 놓은 적도 없으며 이스라엘을 놓은 적도 없습니다.

우리의 현실은 어떻습니까? 다만 잘잘못 때문에 지금의 현실이 결과로서 주어진 것이 아닙니다. 물론 어떤 의미에서는 우리의 고집이나 불순종 혹은 우리의 못난 것 때문에, 신앙이 좋았으면 오지 않았을 이 자리와 현실에 와 있다고 이야기할 수도 있을 것입니다. 그러나 하나님이 우리에게 가르치려는 것은 하나님과의 관계는 이해관계가 아니며, 권력의 문제나 수단의 문제가 아니라는 것입니다. 하나님이 모든 경우에 우리와 함께하시며 그런 힘과 보상과 상관없이 하나님이 함께하시는 것을 우리가 어디서나 누릴 수 있고 또 누려야 한다는 사실을 야곱의 피난살이와 이스라엘의 멸망과 오늘 우리의 현실 속에서 발언하시는 것입니다.

인생이 고단하십니까? 억울하십니까? 태어난 것이 후회스럽고 왜 빨리 안 죽나 하는 원망이 생기십니까? 다시 한 번 생각해 보십시오. 우리가 살아 있는 한 하나님은 예수 안에서 우리를 찾아오셔서 어디서나 인애와 정의를 행할 수 있게 하십니다. 우리가 억울할 때도 할 수 있고 가장 비참할 때도 할 수 있습니다. 다른 말로 해서 우리의 가장 비참한 현실, 억울한 자리, 원하지 않는 경우, 그 어떤 곳에서도 하나님이 나를 혼자 내버려 두시지 않고, 하나님이 하나님이시기를 중단하시지도 않습니다. 또한 하나님이 하나님이시기를 그만두시지 않는 일에서 우리에게 원하시는 가장 중요한 내용은 하나님이 누구신가에 대한 성품에서의 이해와 인격적 순종이라는 사실입니다. 그것을 조건으로 사용하려고 하지 마십시오. 어떤 보상을 얻어 내기 위한 조건으로 삼는 것이 아니라 하나님이 그 아들을 육신으로 보내어 십자가에 죽이기까지 우리와 당신의 관계를 인격과 성의 차원에서 맺기 원하신다는 것을 놓치지 말라는 말씀입니다.

말 못할 억울함과 하소연할 수 없는 막막함이 우리에게 있더라도 우리 홀로 있는 자리가 아니라는 것을 아는 데에 기독교 신앙의 중요한 내용이 있습니다. 우리는 자신이 혼자라고 생각합니다. "하나님! 나는 잘못했을지라도 하나님은 이러실 수 없습니다." 이것이 아마 마지막에 터트리는 분노일 것입니다. 욥이 그랬습니다. "나 같은 것이 잘못했다고 해서 하나님, 왜 이러십니까? 하나님은 모든 것을 가지신 분인데 나 하나 잘못한들 뭐 그렇게 화를 내십니까?" 이 자리까지 갑니다.

그러나 하나님은 모든 인격과 영혼에게 하나님이기를 원하십니다. 우리가 즐겨 사용하는 표현인, '예수님은 죄인이 나 하나뿐일지라도 나를 위하여 예수님은 이 땅에 기꺼이 오셔서 십자가를 지셨을 것이다'라는 글귀가 있습니다. 복음주의 시대에 유행했던 하나님의 사랑에 대한 아주 유명한 표현입니다. 하나님은 그런 분이십니다. 억울한 나 하나, 하잘것없는 나 하나, 세상 현실 속에서 아무런 가치가 없는 나 하나의 자리에 당신의 모든 능력과 명예를 걸고 동행하시는 분입니다.

하나님은 하나님이시기를 중단하시지 않습니다. 그리고 어느 경우에도 우리가 하나님 섬기는 일을 방해받지 않는다고 가르치십니다. 이스라엘은 망합니다. 그러나 하나님은 하나님이시겠다고 하신 약속을 중단하시지 않습니다.

우리 인생은 고달픕니다. 그러나 하나님을 믿고 하나님의 하나님 되심을 순종하고 이해하며 누리는 문제는 야곱이 발뒤꿈치를 잡고 얍복 나루터에서 천사와 겨루어 기어코 항복하지 않았던 그 모든 자리, 우리가 그토록 발버둥 쳤던 모든 자리까지 하나님이 하나님으로서 우리의 삶과 실존에 참여

하시고 간섭하신다는 사실임을 기억하는 것, 이것이 호세아서의 가르침입니다.

'외로우십니까? 억울하십니까? 그러면 기도하십시오'라고 단순하게 말하는 것은 오해의 소지가 좀 있습니다. 하나님은 단지 우리의 원통함을 풀어 주는 응답자로 계시는 정도가 아니기 때문입니다. 우리의 원통함에 함께하셔서 하나님이 그 원통함을 같이 뒤집어쓰고 계십니다. 이스라엘이 앗수르에 패망하고 유다가 바벨론에 망하자, 앗수르와 바벨론은 모두 "너희가 믿는 신은 우리가 믿는 신보다 열등하다"라고 떠들면서 성전부터 파괴합니다. 이 모욕을 하나님이 감수하십니다. 그리하여 우리의 인생, 곧 하나님의 자녀 된 인생은 외롭거나 절망일 수 없다고 가르치시는 것입니다. 이것이 이스라엘의 역사요 또한 신약성경의 증언입니다.

우리 모두가 자기감정, 자기만족, 자기 이해로 하나님을 원망하지 말고 성경이 증언하는 하나님의 하나님 되심을 이해하여 인생과 현실의 모든 경우에 하나님과 동행하는 기쁨이 있기를 바랍니다.

기도

하나님 아버지, 은혜를 감사합니다. 우리 하나님이 어떤 분이신가, 우리가 누구인가를 성경을 통하여 더 많이 알게 됩니다. 우리의 잘잘못에 개입하시는 정도가 아니라 우리 삶과 운명에 신실하심과 전능하심으로 동행하시는 하나님이심을 오늘 우리가 확인합니다. 우리의 억울한 경우와 불만인 현실 이 사실은 감사할 수밖에 없는 하나님의 일하심임을 고백합니다. 눈물을 닦고, 함께하시는 하나님의 하나님 되심과 하나님이시기를 중단하시지 않고 아끼시지 않는 하나님의 찾아오심에 우리의 영혼을 열어 믿음을 바치게 하옵소서. 눈물과 한숨과 비명과 고백과 감사와 찬송을 다 묶어 하나님과 더불어 인생을 승리하며 살아가는 우리 되게 하여 주옵소서. 예수님 이름으로 기도합니다. 아멘.

15
사망아 네 재앙이 어디 있느냐

¹에브라임이 말을 하면 사람들이 떨었도다 그가 이스라엘 중에서 자기를 높이더니 바알로 말미암아 범죄하므로 망하였거늘 ²이제도 그들은 더욱 범죄하여 그 은으로 자기를 위하여 우상을 부어 만들되 자기의 정교함을 따라 우상을 만들었으며 그것은 다 은장색이 만든 것이거늘 그들은 그것에 대하여 말하기를 제사를 드리는 자는 송아지와 입을 맞출 것이라 하도다 ³이러므로 그들은 아침 구름 같으며 쉬 사라지는 이슬 같으며 타작 마당에서 광풍에 날리는 쭉정이 같으며 굴뚝에서 나가는 연기 같으리라 ⁴그러나 애굽 땅에 있을 때부터 나는 네 하나님 여호와라 나 밖에 네가 다른 신을 알지 말 것이라 나 외에는 구원자가 없느니라 ⁵내가 광야 마른 땅에서 너를 알았거늘 ⁶그들이 먹여 준 대로 배가 불렀고 배가 부르니 그들의 마음이 교만하여 이로 말미암아 나를 잊었느니라 ⁷그러므로 내가 그들에게 사자같고 길 가에서 기다리는 표범 같으니라 ⁸내가 새끼 잃은 곰 같이 그들을 만나 그의 염통 꺼풀을 찢고 거기서 암사자 같이 그들을 삼키리라 들짐승이 그들을 찢으리라 ⁹이스라엘아 네가 패망하였나니 이는 너를 도와 주는 나를 대적함이니라 ¹⁰전에 네가

이르기를 내게 왕과 지도자들을 주소서 하였느니라 네 모든 성읍에서 너를 구원할 자 곧 네 왕이 이제 어디 있으며 네 재판장들이 어디 있느냐 [11]내가 분노하므로 네게 왕을 주고 진노하므로 폐하였노라 [12]에브라임의 불의가 봉함되었고 그 죄가 저장되었나니 [13]해산하는 여인의 어려움이 그에게 임하리라 그는 지혜 없는 자식이로다 해산할 때가 되어도 그가 나오지 못하느니라 [14]내가 그들을 스올의 권세에서 속량하며 사망에서 구속하리니 사망아 네 재앙이 어디 있느냐 스올아 네 멸망이 어디 있느냐 뉘우침이 내 눈 앞에서 숨으리라 [15]그가 비록 형제 중에서 결실하나 동풍이 오리니 곧 광야에서 일어나는 여호와의 바람이라 그의 근원이 마르며 그의 샘이 마르고 그 쌓아 둔 바 모든 보배의 그릇이 약탈되리로다 [16]사마리아가 그들의 하나님을 배반하였으므로 형벌을 당하여 칼에 엎드러질 것이요 그 어린 아이는 부서뜨려지며 아이 밴 여인은 배가 갈라지리라 (호 13:1-16)

본문은 멸망을 눈앞에 둔 이스라엘을 바라보는 호세아 선지자가 북 왕조 이스라엘을 향하여 하나님의 무서운 진노를 선언하는 장면입니다. 호세아는 이스라엘 백성이 우상을 만들었고, 하나님 외에 다른 신을 두지 말라는 하나님의 하나님 되심을 배반하였다고 폭로합니다. 이스라엘 백성을 이 땅으로 인도하셨고 모든 복을 주신 하나님을 그들이 잊었기 때문에 하나님이 이 문제를 그냥 넘어가시지 않을 것이라고 호세아는 외칩니다.

12절에 보듯이, 에브라임의 불의가 봉함되었고 그 죄는 저장되었다고 합니다. 이 말씀의 의미는 너희는 이제 끝장났다, 돌이키며 회개하고 변경할 기회가 없다, 내가 너희를 심판하겠다는 것입니다. 7절 이하를 보겠습니다.

> 그러므로 내가 그들에게 사자 같고 길 가에서 기다리는 표범 같으니라
> 내가 새끼 잃은 곰 같이 그들을 만나 그의 염통 꺼풀을 찢고 거기서 암
> 사자 같이 그들을 삼키리라 들짐승이 그들을 찢으리라 (호 13:7-8)

굉장히 두려운 표현입니다. 무시무시한 심판을 하나님이 선언하십니다. 마지막 16절에는 이런 내용이 나옵니다.

> 사마리아가 그들의 하나님을 배반하였으므로 형벌을 당하여 칼에 엎
> 드러질 것이요 그 어린 아이는 부서뜨려지며 아이 밴 여인은 배가 갈라
> 지리라 (호 13:16)

하나님의 심판과 무서운 형벌을 그림 그리듯이, 차마 형언할 수 없는 표현으로 하나님이 이스라엘의 죄를 가슴 아파하시며 분노하시는 것을 기술하고 있습니다. 호세아서 전체에 걸쳐 하나님이 우리의 잘잘못을 심판하시는 객관적 심사위원이 아니라 우리의 불신앙에 대해서 얼마나 가슴 아파하시는가를 말씀합니다. 이를 통하여 마치 부부나 부모 자식의 관계처럼 상대방의 잘잘못을 확인하여 거기에 따르는 어떤 보상이나 보복으로 끝낼 수 없는 문제임을 알게 됩니다. 부부라는 관계가 상대방의 문제에 대하여 잘한 쪽, 잘못한 쪽으로 나눌 수 없는 공통된 고통이며 현실이듯이 하나님이 이스라엘 백성의 잘못에 대하여 얼마나 깊이, 얼마나 크게 가슴

아파하시는가를 보여 줍니다.

호세아 선지자는 불행한 결혼 생활과 거기서 낳은 자식들을 통하여 하나님의 마음을 생생하게 경험합니다. 이로써 호세아서에서는 이스라엘 백성을 향한 하나님의 마음 곧 잘잘못에 대한 어떤 윤리나 도덕, 원칙의 문제보다 큰 '관계'라는 시각에서 죄를 다루고 있다는 것을 알 수 있습니다. 이스라엘 백성이 잘하느냐, 잘못하느냐 보다 더 큰 하나님의 사랑을 입은 자로서의 자기 정체성, 책임, 영광, 특권에 대하여 하나님이 가르치고자 하시는 것입니다.

결혼을 해 본 사람은 부부로 함께 살면서 느끼셨겠지만 부부는 냉정하게 싸울 수 없습니다. 상대방의 잘못을 지적하고 고치라고 할 수 없습니다. 가슴 아파하는 것이 늘 묻어나는 법입니다. 얼마나 속상합니까. 우리는 상대방에게 고치라고만 이야기하는 것이 아닙니다. 부부나 부모 자식 간에는 한 사람의 선택이나 성격이나 잘잘못이 '나와 너'라는 구별 없이 함께 겪는 고통이기도 하고 기쁨이기도 하다는 사실을 살면서 얼마든지 경험합니다. 오죽하면 나이 들어서 부부는 서로를 다 '웬수'라고 부르겠습니까. 이 '웬수'라는 말 속에는 외면할 수 없고 돌아설 수 없는 관계의 긴밀함이 전제되어 있습니다. 잊어버릴 수 있고, 외면할 수 있으면 '웬수'가 되지 않았을 것입니다. 그러나 포기할 수 없고 매정해질 수 없기 때문에 '웬수'라는 표현을 쓰게 되었는데, 이를 통해 부부됨과 부모 자식 간에는 그 다른 것으로는 설명할 수 없는 관계의 긴밀함과 신비가 있음을 세상 현실에서도 경험합니다. 이런 경험을 통해 관계의 가치와 복됨이 하나님이 우리를 사랑하시는 사실에 근거한다고 성경은 가르치고 싶어 합니다. 그래서 하나님의 고통스러워하심과 분노하심은 우리와의 관계에 뗄 수 없는 긴밀함이 있다는 사실을 드러냅니다. 이는 다만 잘못에 대한 보복이나 분노, 형벌이 아니라는 점이 14절에 나타납니다.

내가 그들을 스올의 권세에서 속량하며 사망에서 구속하리니 사망아 네 재앙이 어디 있느냐 스올아 네 멸망이 어디 있느냐 뉘우침이 내 눈 앞에서 숨으리라 (호 13:14)

이스라엘 백성의 잘못에 대해 하나님이 참고 참으시다가 이제 진노하시고 저들을 앗수르의 포로가 되게 하여 북 왕조 이스라엘을 멸망하도록 내어 주십니다. 그렇게 하여 너희가 이 형벌을 자초했다, 이는 너희가 한 짓에 대한 당연한 결과다, 이제 난 모른다, 이렇게 벌을 주어 자기들이 한 일의 결과를 보도록 하는 데에 형벌을 주신 목적이 있지 않습니다. 즉 이스라엘을 멸망시키고 죗값을 받게 하여 저들로 하여금 그 결과가 자기네의 잘못 때문에 초래된 운명으로 끝나지 않는다는 것을 이야기합니다.

내가 너희를 죽이자고, 없애자고, 이 재난과 형벌과 심판을 내리는 것이 아니다, 너희의 잘못이 무엇을 초래하느냐, 나를 외면하면 인간이, 세상이, 역사가 어디로 갈 수밖에 없는지를 알라, 나 없이는 생명도 없고 은혜도 없는 그런 황량함과 비참함으로 갈 수밖에 없다, 이런 사실을 가르치십니다. 그리하여 하나님이 누구신가, 너희를 사랑하고 너희에게 계명을 주시고 순종을 요구하시는 분이 왜 그리하시는가를 깨닫게 하기 위해서이지, 너희를 없애거나 죗값으로 너희 운명이 끝장나도록 의도하지 않으셨다는 것입니다.

구약성경에서 '스올'은 음부 곧 지옥이라는 뜻입니다. 죽어서 가는 곳, 끝장난 자리입니다. 14절에서 '내가 그들을 스올의 권세에서 속량하며 사망에서 구속하리니'라고 말씀하여 그들의 운명을 바꿀 것이라는 하나님의 의지가 이스라엘 국가의 현실적 운명이나 정치 사회의 회복에 대한 것이 아니라는 사실은 뒤에 나오는 15절과 16절이 여전히 심판의 혹독함을 연속해서 강조하는 것으로 보아 알 수 있습니다. 이 14절이 15절과 16절 사이에 들어와서 앞에 나온 하나님의 심판과 보수하심을 완화하는 구절로 쓰이지도 않습니다. 오히려 이어지는 15절, 16절과 함께 심판의 혹독함은 변경할 수 없고 하나님은 봐주시지 않을 것이지만, 그렇다고 해서 이는 잘못하여 없어지는 운명이나 실패하여 끝나는 운명을 이야기하고 있지 않다는 것입니다. 14절 하반부에서 '사망아 네 재앙이 어디 있느냐'라는 구절은 사망아, 너 와라, 그런 뜻입니다. 반어법인데 사망아, 네 재앙이 어디 있느냐, 너 뭐하고 있느냐, 빨리 와라, 스올아, 너 뭐하고 있느냐, 네 일을 해라, 그럼에도 뉘우침이 내 눈앞에서 숨으리라, 와라, 그러나 그것으로 끝이 아니다, 사망이 끝이 아니고 스올이 끝이 아니라는 것입니다.

사망이 와서 자기의 권세를 다 부리고 스올이 그 힘을 다 써서 이스라엘을 삼키고 이 백성을 최악의 자리로 끌고 간다 할지라도 그것이 변경할 수 없는 마지막 힘은 아니라고 이야기합니다. 사망과 스올까지도 최종적 권세가 아니라고 합니다. 우리는 이 구절을 이해하기 위해서 이를 인용한 신약성경으로 가 볼 필요가 있습니다. 고린도전서 15장입니다. 고린도전서 15장의 별칭은 '부활장'입니다. 많이 읽으면서도 호세아서의 말씀을 인용하고 있다는 사실을 자주 놓칩니다.

형제들아 내가 이것을 말하노니 혈과 육은 하나님 나라를 이어 받을 수 없고 또한 썩는 것은 썩지 아니하는 것을 유업으로 받지 못하느니라 보라 내가 너희에게 비밀을 말하노니 우리가 다 잠 잘 것이 아니요 마지막 나팔에 순식간에 홀연히 다 변화되리니 나팔 소리가 나매 죽은 자들이 썩지 아니할 것으로 다시 살아나고 우리도 변화되리라 이 썩을 것이 반드시 썩지 아니할 것을 입겠고 이 죽을 것이 죽지 아니함을 입으리로다 이 썩을 것이 썩지 아니함을 입고 이 죽을 것이 죽지 아니함을 입을 때에는 사망을 삼키고 이기리라고 기록된 말씀이 이루어지리라 사망아 너의 승리가 어디 있느냐 사망아 네가 쏘는 것이 어디 있느냐 사망이 쏘는 것은 죄요 죄의 권능은 율법이라 우리 주 예수 그리스도로 말

미암아 우리에게 승리를 주시는 하나님께 감사하노니 그러므로 내 사
랑하는 형제들아 견실하며 흔들리지 말고 항상 주의 일에 더욱 힘쓰는
자들이 되라 이는 너희 수고가 주 안에서 헛되지 않은 줄 앎이라 (고전
15:50-58)

우리는 예수 그리스도의 부활 생명을 가진 자로서 이 본문을
잘 이해하고 있습니다. 기독교 신앙의 가장 큰 힘은 바로 부
활이 사망을 이긴다는 점입니다. 생명이 사망을 이기는데 이
생명이 사망이라는 현실 없이 왕 노릇 하는 것이 아니라 사
망에 이른 자를 죽음에서 반전하는 능력으로 우리에게 임해
있다는 것입니다. 우리는 부활 생명의 믿음을 가진 자이기
때문에 사망을 경험하지 않는다는 식으로 성경이 가르치지
않음을 명심해야 합니다.

    우리는 사망을 경험하지만 사망이 최종 권세가 아니요,
부활이 최종 권세이기 때문에 우리가 사망에 이를 수 있으나
그것으로 끝장나는 것이 아닙니다. 그것이 "사망아 너의 승
리가 어디 있느냐, 사망아 네가 쏘는 것이 어디 있느냐"라는
호세아 13장 14절을 인용한 바울의 선언인 것입니다. 사망은
누가 결과하는 것입니까? 죄가 결과하는 것입니다. 우리는
모두 이 사실을 현실에서 경험하여 알고 있습니다. 신자들은
아직 온전히 완성되지 않은 채 여전히 죄악 된 본성을 갖고
씨름합니다. 우리는 예수 그리스도로 말미암아 구원을 입어

하나님의 자녀인 것을 알고 살아가지만, 여전히 갈등 속에서 실패합니다. 이러한 사실은 이스라엘 백성이 그랬던 것같이 이겨낼 수 없는 죄악 된 본성과 사망의 결과라는 현실에서 우리가 늘 경험합니다. 내가 예수를 믿는 것이 맞나 하는 생각이 들만큼 우리의 신앙은 사실 실천되지 않습니다. 마음의 소원은 있지만 소원대로 되지 않고 믿지만 그 믿음을 내 힘으로 유지하지 못하는 현실이 우리를 사망으로 내몹니다.

한 주 동안 잊고 살다가 주일날 교회에 오면 누구나 반복해서 하는 기도는 지난 일주일 동안 신앙생활 못했다는 자책입니다. 이유와 형편은 다 다르겠지만, 믿음을 갖고 있고 예수 그리스도의 부활을 확신하고 있음에도 우리는 늘 죽은 자 같습니다. 그러나 성경은 바로 이 이야기를 합니다. 너희가 초래한 죽음이 마지막 권세가 아니다, 거기서 내가 너희를 반전시킬 것이다, 이것이 '우리에게 승리를 이김을 주시는 하나님'이라는 구절이 갖는 뜻입니다.

세상에서 최고 권세는 사망입니다. 죽은 자는 끝입니다. 죽으면 아무 의지도, 선택도, 노력도, 힘도 쓸 수 없습니다. 아무것도 할 수 없을 뿐만 아니라 무엇을 해야 하는지 의식할 수조차 없는 것이 사망입니다. 거기에서 누가 우리를 일으키겠습니까? 하나님이 일으키십니다. 그래서 57절 '우리에게 승리를 주시는 하나님께 감사하리로다'라는 구절이 나오는 것입니다. 58절이 이렇게 이어집니다.

그러므로 내 사랑하는 형제들아 견실하며 흔들리지 말고 항상 주의 일에 더욱 힘쓰는 자들이 되라 이는 너희 수고가 주 안에서 헛되지 않은 줄 앎이라 (고전 15:58)

이 말씀이 어떻게 들립니까? 우리의 수고가 무엇이라고 생각합니까? 믿음을 지키는 것이나 성실히 사는데도 결과가 없는 것을 의미할까요? 이보다 더한 것입니다. 실패, 무력함, 믿는 자인데 자기가 판단해 봐도 도무지 신자 같지 않은 흔들림을 의미합니다. 그러나 이 모든 것이 헛되지 않을 것입니다. 하나님 외에 답이 없고 예수 그리스도 외에 희망이 없음을 알면서도 예수 그리스도에게 모든 것을 맡겨 세상을 승리하고 양보하고 섬기고 살아야 하는 신앙을 지키지 못하는 신자의 현실, 이 현실을 감수하는 것입니다. 우리가 만들어 낸 사망이라는 결과밖에 나올 수 없는 우리의 부족한 현실과 아픔, 내가 잘못해서 초래한 사망의 입구에 가는 것들, 그러나 성경은 거기서 끝나도록 놓아두지 않는 하나님을 증거합니다. 우리가 초래한 모든 사망을 하나님이 예수 안에서 부활로 사망을 삼키게 한 능력과 은혜로서 반전하여 결국 우리의 운명을 승리케 할 것이니 이 믿음을 놓지 말라고 합니다.

무릇 진실한 신앙인은 다 자신을 죄인이라고 고백합니다. 믿음이 좋다고 말할 수 있는 사람은 아무도 없습니다. 우리가 신앙에 발을 들여놓고 믿음을 실천하며 인생을 걸어 보면, 더 깊은 경지에 갈수록 자신이 흠이 많다는 사실을 더 발견할 것이며 죄의 권세가 얼마나 큰가를 경험할 것입니다. 우리는 무력합니다.

그러나 우리는 우리가 한 대로 처벌받으며 잘한 만큼 상 받고 못한 대로 벌 받는 법칙을 넘어선, 하나님의 손 안에 있다는 사실을 알기 때문에 포기하지 않을 것입니다. 사망아 와라, 재앙아 와라, 나를 죽여라, 내가 나를 포기하지 않는 것은 하나님이 예수 안에서 나를 부활 생명으로 일으키실 것을 내가 알기 때문이다, 우리 신앙의 본질이 여기 있습니다. 바로 이 이야기를 언젠가 로마서 8장에서 보았습니다. 그러나 우리는 이것을 확인하기 싫어합니다. 이 믿음이 우리에게 실패를 맛보지 않고 만족하는 신앙의 승리를 가져다 줄 것이라며 자꾸 헛된 기대를 하기 때문인지도 모르겠습니다. 로마서 8장 31절입니다.

그런즉 이 일에 대하여 우리가 무슨 말 하리요 만일 하나님이 우리를 위하시면 누가 우리를 대적하리요 (롬 8:31)

문제는 우리가 얼마나 잘해야 하는지의 여부가 아닙니다. 하나님이 우리 편을 들어주시면 누가 하나님의 편드심을 방해하여 우리를 망하게 할 수 있다는 말인가 하고 성경이 묻고 있습니다. 여기 망하게 하는 대적에는 양심, 신앙, 거룩이 다

들어갑니다. 이 모든 것이 우리를 무너뜨리지 못합니다. 무엇과 비교해서 그러합니까? 하나님의 편드심과 비교해서 그렇습니다.

누가 능히 하나님께서 택하신 자들을 고발하리요 의롭다 하신 이는 하나님이시니 누가 정죄하리요 죽으실 뿐 아니라 다시 살아나신 이는 그리스도 예수시니 그는 하나님 우편에 계신 자요 우리를 위하여 간구하시는 자시니라 누가 우리를 그리스도의 사랑에서 끊으리요 환난이나 곤고나 박해나 기근이나 적신이나 위험이나 칼이랴 기록된 바 우리가 종일 주를 위하여 죽임을 당하게 되며 도살 당할 양 같이 여김을 받았나이다 함과 같으니라 그러나 이 모든 일에 우리를 사랑하시는 이로 말미암아 우리가 넉넉히 이기느니라 내가 확신하노니 사망이나 생명이나 천사들이나 권세자들이나 현재 일이나 장래 일이나 능력이나 높음이나 깊음이나 다른 어떤 피조물이라도 우리를 우리 주 그리스도 예수 안에 있는 하나님의 사랑에서 끊을 수 없으리라 (롬 8:33-39)

감상적 이야기를 하는 것이 아닙니다. 예수를 믿는다는 것은 우리가 어떤 존재인가를 아는 것이요, 그리하여 현실에서는 신앙을 잘 실천한 경우보다 우리의 한계를 더 깊이 확인하게 되는 일이 더 많습니다. 마침내 여기에서 하나님이 우리를 구원하기 위하여 예수를 십자가에 못 박아 사망을 극복하게 하는 부활 생명의 능력을 인정할 수밖에 없게 되는 것입니다. 사망을 이길 수 없고 윤리나 도덕이나 상식이나 원칙에 묶여 있다면, 우리는 결국 사망이라는 결과를 벗어날 수 없습니다. 사망을 이겨내야 합니다.

우리에게는 우리가 만들어 낸 그 모든 것을 반전하시는 하나님의 능력과 그 능력을 허락하시는 근거가 되는 하나님의 사랑이 있습니다. 하나님의 능력과 사랑이 있기에 우리는 비로소 우리 믿음을 승리로 이해할 수 있게 되며 우리 한계를 넘어서 인내할 수 있습니다. 이때 내가 잘하고 실천해서 신앙이 힘을 얻는 것이 아니라 자기의 한계를 확인하여 신앙을 붙들 수 있게 되는 것입니다. 뒤집어 말하면, 이는 신자의 현실이 고단하다는 뜻입니다. 현실 때문에 고단한 것이 아닙니다. 하나님 없이는 어떤 현실에서도 죄 없이 살고 모범적으로 사는 것이 우리 자신에게 없더라는 사실 때문에 고단합니다.

신앙 현실은 괴롭습니다. 하지만 괴롭다는 이유 때문에 다른 무엇으로 현실을 덮어 버려서는 안 됩니다. 기도했더니 다 풀리더라, 물론 이 말이 진실일 수 있다는 것을 잘 압니다. 그러나 신앙생활을 이것 하나로 해결할 수 없다는 사실을 우리가 알고, 예수님도 아십니다. "아버지여 할 만하시거든 이 잔을 내게서 옮겨 주옵소서. 그러나 내 원대로 마시고 아버지의 뜻대로 하옵소서." 예수님이 이 고난의 길을 걸으셨다는 사실을 기억해야 합니다. 죽으셔야 했던 것입니다. 예수께서 사망의 자리까지 들어가 그 원수를 뒤집고 때려눕혀야 했던 것입니다.

우리의 신앙 현실에서 부딪히는 인간의 죄성, 인간의 한계, 하나님의 필요성, 그 은혜의 절실함을 예수 안에서 확인하는 일이 일어나지 않고는, 오직 예수 안에서 그 답을 발견하지 않고 우리가 노력하고 기도해서 얻어 내는 것으로는 매우 위험합니다. 신앙 현실이 지닌 실패와 고통, 의심과 곤혹스러움을 우리의 노력과 기도로 해결할 수 없기 때문입니다. 이것이 호세아 13장의 중요성입니다.

이스라엘은 멸망하고 국가가 해체되지만, 이는 하나님께서 결코 저들을 버리시는 것이 아닙니다. 하나님과의 관계는 국가나 정치나 경제나 도덕이나 어떤 노력이나 방법에 묶여 있지 않기 때문입니다. 그러니 자신의 한계를 인정하여 하나님을 바라고 하나님의 불변하신 사랑과 신실하심과 거룩하심을 믿고 자기 생애를 인내하며 하나님이 주실 승리의 그 날을 기다리고 살아야 합니다. 오늘을 사는 그것이 포로이며 수치스러운 자리일 수 있습니다. 그러나 비록 자초한 자리일지라도 인간이 만들어 낸 재난과 실수보다 인간을 향한 하나님의 신실하심과 능력이 더 크다는 사실에 초점을 모은다면, 나라를 잃어도 괜찮다는 것이 구약성경의 증언입니다.

우리의 신앙이 어디에 묶여 있는가 한번 보십시오. 어떤 확인 속에서 우리의 신앙생활이 힘을 쓰는지 살펴보십시오. 이해나 명분은 그럴듯할지 모르지만, 예수 안에서 부활 생명 이외의 것으로 답을 삼아 실제 신앙 현실을 하나님에게 다 꺼내 놓고 부딪히지 않는 부분이 있는지 확인하기 바랍니다.

울며 하나님 앞에 나오십시오. 우리의 어쩔 수 없는 죄성과 이런 우리를 구원하신 하나님의 은혜가 더욱 더 필요한 존재라는 사실을 기억하기 바랍니다. 윤리와 도덕과 현실적 보상보다 더 큰 하나님과의 관계 속에서 그의 사랑과 거룩함으로 부르시는 초대에 답하는 것으로 비로소 신앙을 확인하는 신자 된 인생이요, 실천이요, 예수를 믿는 신앙 고백이 지닌 힘을 확보하기 바랍니다.

기도

하나님 아버지, 은혜를 감사합니다. 우리가 그 아들을 보내신 하나님의 사랑 안에 있고, 우리가 만든 현실과 우리의 못난 것이 만든 결과를 승리로 이끄시는 하나님의 능력과 돌보심 속에 있다는 것을 예수 그리스도의 십자가와 부활 생명에서 확인합니다. 오늘 우리의 눈물은 어디에 있습니까? 우리의 못난 것에 대하여 눈물을 흘릴 것이 아니라 우리의 못난 것을 찾아오시고 승리를 주시는 하나님의 사랑으로 말미암아 우는 자가 되게 하옵소서. 그리하여 우리가 어찌하든지 하나님을 필요로 하지 않고 우리 자신을 확보하고 세우는 것으로 기독교 신앙을 팔아넘기지 말고 그 어느 때라도 예수가 있어야 한다고 고백하는 우리 인격이요, 우리 현실이요, 우리 인생이요, 우리 운명이 되게 하옵소서. 우리의 신앙고백이 내용을 가지며 현실에서 힘을 발휘하게 하여 주시옵소서. 그때 하나님의 사랑과 예수 안에서 요구하시는 하나님의 은혜의 복이 무엇인지를 확인하고 여기에 자신을 내어 드리고 맡기는 진실한 헌신과 평안이 있게 하옵소서. 예수님 이름으로 기도합니다. 아멘.

16
이 하나님을 누가 깨닫겠느냐

¹이스라엘아 네 하나님 여호와께로 돌아오라 네가 불의함으로 말미암아 엎드러졌느니라 ²너는 말씀을 가지고 여호와께로 돌아와서 아뢰기를 모든 불의를 제거하시고 선한 바를 받으소서 우리가 수송아지를 대신하여 입술의 열매를 주께 드리리이다 ³우리가 앗수르의 구원을 의지하지 아니하며 말을 타지 아니하며 다시는 우리의 손으로 만든 것을 향하여 너희는 우리의 신이라 하지 아니하오리니 이는 고아가 주로 말미암아 긍휼을 얻음이니이다 할지니라 ⁴내가 그들의 반역을 고치고 기쁘게 그들을 사랑하리니 나의 진노가 그에게서 떠났음이니라 ⁵내가 이스라엘에게 이슬과 같으리니 그가 백합화 같이 피겠고 레바논 백향목 같이 뿌리가 박힐 것이라 ⁶그의 가지는 퍼지며 그의 아름다움은 감람나무와 같고 그의 향기는 레바논 백향목 같으리니 ⁷그 그늘 아래에 거주하는 자가 돌아올지라 그들은 곡식 같이 풍성할 것이며 포도나무 같이 꽃이 필 것이며 그 향기는 레바논의 포도주 같이 되리라 ⁸에브라임의 말이 내가 다시 우상과 무슨 상관이 있으리요 할지라 내가 그를 돌아보아 대답하기를 나는 푸른 잣나무 같으니 네가 나로 말미암아 열매를 얻으리라 하리라 ⁹누가 지혜가 있어 이런 일을 깨달으며 누가 총명이 있어 이런 일을 알겠느냐 여호와의 도는 정직하니 의인은 그 길로 다니거니와 그러나 죄인은 그 길에 걸려 넘어지리라 (호 14:1-9)

1절에서 "이스라엘아 네가 불의함으로 말미암아 엎드러졌느니라"라는 최종 선고를 만나게 됩니다. 지금 이 장면에서 이스라엘은 아직 회개하거나 돌이킨 흔적이 없어 보입니다. 그리하여 그들은 마지막 멸망과 심판을 선고받습니다. 이런 자리에서 4절의 "내가 그들의 반역을 고치고 기쁘게 그들을 사랑하리니 나의 진노가 그에게서 떠났음이니라"라고 하는 하나님의 구원의 회복과 복 주심의 선포가 등장합니다.

호세아 14장의 결론에서 보듯이 하나님은 지금 엎드러진 자, 형벌을 받아야 할 자, 아직 뉘우치거나 잘못을 깨닫지 못한 자를 향하여 하나님의 은혜의 승리와 회복을 선포하십니다. 그리하여 호세아 14장 후반에 나오는, 아름다운 레바논의 백향목 같고 무화과나무의 번성함 같고 풍성한 포도의 결실

같은 승리와 아름다움과 감격과 부요함을 더 설명할 수 없고 그려낼 수 없는 무한대의 사랑과 축복으로 약속하십니다.

이스라엘 역사를 통하여 성경이 증언하는 것은 하나님이 당신의 의로우심과 선하심, 전능하심과 신실하심으로 당신의 창조와 구원의 목적을 이루어 우리에게 감사와 만족과 풍성함으로 채우시며 그렇게 하시는 모든 이유와 근거와 방법은 하나님 손에 있다는 사실입니다. 이런 고백을 하게 하는 것이 이스라엘 역사요, 호세아서의 결론입니다.

기독교 신앙의 위대함은 인간이라는 존재의 승리가 인간에게 있지 않고 하나님의 손에 있다는 사실을 선언하는데에 있습니다. 혹 잘못 들으면, 마치 인간이 대접을 못 받는 것 같고 자기보다 더 크고 더 높은 권세에 굴종해야 하는 것인가 하는 오해가 생길 수 있습니다. 우리가 무엇이 부족해서 나 아닌 다른 존재의 도움을 받아야 한다는 말인가, 그 존재가 아무리 하나님이더라도 말이다, 라는 반항에 대하여 성경은 이렇게 답합니다. 인간은 자신이 품은 기대나 소원보다 더 주시려는 하나님이 계시기 때문에 자신이 소원하고 상상하는 것으로 그 내용이 제한되지 않고 그를 지으신 하나님의 차원과 능력과 넓이와 깊이로 채워질 것이다, 이 선포가 기독교 신앙의 가장 중요한 핵심입니다.

이 문제를 이스라엘 역사나 우리 인생의 현실에서 보면, 분명한 대비가 드러납니다. 이 대비는 우리가 신실하지 않다는 사실이며 세상의 것으로는 우리 영혼의 깊은 요구를 채울 수 없다는 현실입니다.

　세상은 끊임없이 유혹해 옵니다. 더 가지면 더 큰 만족이 있을 것이다, 더 해보면 답이 나올 것이라, 라고 말입니다. 세상은 이처럼 우리를 위협하고 유혹합니다. 이것이 우리에게는 현실이라서 당장 눈앞에 있는 배고프고 자존심 상하고 고통스러운 것에 제일 먼저 반응할 수밖에 없습니다. 그러나 사람은 보이는 것으로는 영혼의 깊은 질문에 답할 수 없다는 사실을 인생에서 분명하게 경험하게 됩니다. 이는 하나님만이 해결해 주실 수 있는 문제인 것입니다.

　그렇다면 이 해결의 조건은 무엇이며 하나님이 주시는 답을 어떤 식으로 만날 수 있느냐, 라고 할 때 성경은 하나님의 은혜와 사랑이 유일한 이유라고 답합니다. 하나님은 왜 그렇게 하실까요? 우리를 고통스럽게 하고 절망하게 하고 부끄럽게 하시고서야 답을 주시는 이유가 무엇일까요? 이는 다른 어떤 것이 아닌 하나님의 사랑으로 우리를 채워야 하는 것이기 때문에 그렇습니다. 하나님의 사랑 이외의 다른 것으로는 답이 없음을 우리 스스로 인정하고 하나님을 사랑하는 것으로만 답을 찾을 수 있게 하려고 하시는 것입니다.

　또한 이 사랑을 위해서라면 우리 인생의 어떤 어려움이나 고통이나 부끄러움도 문제가 아니라고 성경은 말합니다. 호세아 14장 1절에서 선언한 "이스라엘아 네 하나님 여호와께로 돌아오라 네가 불의함으로 말미암아 엎드러졌느니라"라는 말씀을 다시 생각해 봅시다. 이스라엘 역사의 현실 곧 저들이 섬기는 하나님과 선민이라는 자랑이 하루아침에 다 부끄러움이 되고 마는 현실과 저들의 우상숭배와 배교로 말미암은 나라의 멸망을 통해 하나님이 자기네를 사랑하는 것이 무엇인가를 부끄러움과 극한의 고통 속에서 생각하게 하는 것이 결코 손해가 아니라는 성경의 증언과 직면하게 됩니다.

오고 오는 세대가 신앙 현실에서 이스라엘의 역사를 되돌아보며 은혜를 받는 이유가 무엇입니까? 하나님이 이스라엘에게 요구하신 것은 저들의 심장이며 저들의 영혼이기에 다른 것으로는 타협하시지 않았다는 사실과 당신의 부끄러움을 개의치 않았다는 사실 때문입니다.

앗수르가 북 왕조 이스라엘을 멸망시키고 바벨론이 남 왕조 유다를 멸망시켰을 때, 그들은 다만 국력과 군사력에 의한 승리만이 아닌 신앙의 승리까지 외쳤습니다. "이스라엘이 믿는 하나님보다 우리가 믿는 신이 더 크다. 우리나라와 우리 민족이 더 우월하다"라는 수치와 오해를 하나님이 감수하시고 이 역사적 현실을 허락하시는 것입니다. 이런 사실이 신약에서 확인됩니다. 마태복음 9장을 봅시다.

예수께서 그 곳을 떠나 지나가시다가 마태라 하는 사람이 세관에 앉아 있는 것을 보시고 이르시되 나를 따르라 하시니 일어나 따르니라 예수께서 마태의 집에서 앉아 음식을 잡수실 때에 많은 세리와 죄인들이 와서 예수와 그의 제자들과 함께 앉았더니 바리새인들이 보고 그의 제자들에게 이르되 어찌하여 너희 선생은 세리와 죄인들과 함께 잡수시느냐 예수께서 들으시고 이르시되 건강한 자에게는 의사가 쓸 데 없고 병든 자에게라야 쓸 데 있느니라 너희는 가서 내가 긍휼을 원하고 제사를 원하지 아니하노라 하신 뜻이 무엇인지 배우라 나는 의인을 부르러 온 것이 아니요 죄인을 부르러 왔노라 하시니라 (마 9:9-13)

예수님이 마태를 만나 함께 식사하시고, 그를 비난하는 바리새인들 앞에서 "건강한 사람에게는 의사가 쓸데없다. 나는 죄인을 부르러 왔다. 너희는 내가 긍휼을 원하고 제사를 원하지 않노라 하신 뜻이 무엇인지 배우라"라고 하시면서 호세아 6장 6절을 인용하십니다. 왜 그러셨을까요? 하나님은 우리의 어떤 병을 고치러 오셨을까요? 하나님을 사랑할 수 없는 병, 사랑을 만들어 낼 수 없는 병을 고치러 오신 것입니다. 우리 육신의 병을 고치고 경제 문제를 해결하고 현실의 고통을 완화하거나 해소하는 차원의 의사가 아니라 피조물이 만들어 낼 수 없는 무한한 사랑을, 하나님이 우리를 당신의 형상으로 만드셨을 때 작정하신 놀라운 약속대로 하나님의 사랑을 심으러 오신 것입니다.

우리는 자기 자신만 사랑하기 바쁘고 이런 사랑마저도 온전하지 못합니다. 우리의 사랑은 대부분 다 이기심에 근거한 것입니다. 열심을 내어도 자기 만족을 위한 것 뿐이고 열심이 없으면 사랑에 못 미치는 감정일 뿐입니다. 우리는 이것밖에 만들어 내지 못합니다.

　우리는 기독교 신앙에서 무엇을 배웁니까? 하나님이 우리의 소원을 쉽게 이루어 주시지 않는다는 것을 배웁니다. 우리는 하나님한테 늘 이렇게 제안합니다. "하나님, 이것만 해 주시면 이러저러한 것을 바치겠습니다." 그런데 하나님은 왜 이 제안을 안 받아 주실까요? 그것으로는 하나님이 원하시는 목적이 만들어지지 않기 때문입니다. 우리가 내놓는 최고 조건은 무엇입니까? 자신의 생애와 목숨입니다. 그러나 성자 하나님의 목숨은 그것보다 큽니다. 이 사랑은 하나님이 인간이 되어 찾아오시는 정성입니다. 피조물인 우리로서는 신의 모습으로, 신의 내용으로 찾아갈 수 없기 때문입니다.

　하나님은 그것을 넘어오십니다. 이 경계를 넘어오고 이 차이를 깨트리는 것은 우리의 능력으로는 불가능합니다. 우리를 만나시기 위해서 하나님이 피조물과 창조주의 경계를 넘어 우리가 감당할 수 없는 자리로 오셔서 우리와 동행하십니다. 이 '동행하심'의 깊은 뜻을 이해하십니까? 우리가 고통과 원망과 비명으로 질러대는 그 자리가 하나님이 우리의 비명과 발악을 감내하시고 끌어안고 가시는 자리입니다. 누가 더 고통스러울 것이라 생각하십니까? 우리는 모두 이기적이라서 자기가 제일 고통스럽다고 생각합니다. 그러나 하나님도 우리보다 훨씬 고통스러운 길을 감내하신다는 사실을 기억해야 합니다.

　하나님의 사랑의 무한하심과 그 은혜의 궁극적 승리를 이야기하면, 언제나 우리가 쏟아 내는 비아냥은 이것입니다. "하나님이 다 하신다면 우리는 할 것도 없네." 이런 발언이야 말로 신의 사랑과 인간의 이기심이 가장 극명하게 대조되는 부분일 것입니다. 하나님이 자신의 명예와 편안함(인간적 표현을 빌리면)을 포기하시고 찾아오시는 정성과 신실함과 인내를 우리는 기껏 "시간이 많으신가 보네요"라고 대꾸하는 것이야 말로 인간이 사랑을 만들어 낼 수 없으며 더욱이 신의 사랑을 이해할 만한 존재가 아니라는 것을 분명하게 보여 주는 예입니다.

이것이 바로 로마서 6장입니다. 하나님의 은혜와 사랑의 승리를 선언하고 은혜의 무한함을 전하자, 어느 때나 이 질문이 나왔다고 합니다.

> 그런즉 우리가 무슨 말을 하리요 은혜를 더하게 하려고 죄에 거하겠느냐 그럴 수 없느니라 죄에 대하여 죽은 우리가 어찌 그 가운데 더 살리요 (롬 6:1-2)

기독교 신앙이란 거저 주시는 은혜와 신적 사랑에 근거한 것이고 우리는 값없이 구원을 얻었으며 우리가 아무리 못났어도 하나님이 사랑하시고 작정하신 당신의 백성을 포기하시지 않고 실패하시지 않는다고 언급하자 우리는 겨우 어떤 반응을 보입니까? 호세아서 14장의 '이스라엘아 너희의 불의함으로 말미암아 너희가 엎드러졌느니라. 그러나 내가 너희를 회복시키리라. 내가 너희를 구원하리라. 내가 너희에게 복을 주리라'라는 말씀이 우리에게는 바로 이런 질문으로 와 닿습니다. 모든 것이 은혜에 기인하고 하나님의 하나님 되심에 근거한다면 우리가 할 것은 없지 않느냐, 우리가 무엇 때문에 열심을 내겠는가, 라는 질문으로 말입니다. 여기에 나타난 우리의 이기심과 못난 반응이 보입니까?

은혜는 결단코 방임을 허락하지 않습니다. 은혜가 우리에게 요구하는 것은 책임입니다. 왜 그럴까요? 그 은혜가 무엇으로부터, 무엇을 위해 주어진 것인지 알기 때문입니다. 무한한 하나님의 사랑입니다. 거룩함입니다. 그러므로 우리는 감히 방심할 수 없는 것입니다. 죄로부터 자유와 인간의 진정한 가치를 깨닫게 하는 은혜가 있을 뿐, 이제는 내 마음대로 해도 되는구나, 하는 생각을 갖게 하는 은혜란 없습니다. 진정한 은혜를 만나고 하나님의 하나님 되심을 직면하면 그 부르심의 깊이와 높이와 영광에 대하여 다 놀라게 됩니다. 누구나 자신을 죄에서 분리하며 하나님의 부르심에 대하여 감격하게 되어 있습니다.

그런데 하나님은 왜 이렇게 극한의 고통 속으로 우리를 인도하시며 우리의 못난 것과 세상의 불의함을 해결하시지 않은 채, 놀라운 약속만 우리에게 주실 뿐 현실적 증거는 안 주실까요? 이 질문에 대해서 무엇이라 답하시겠습니까? 조금 전에 설명해 드린 대로, 신적 사랑과 인간의 이기심 사이의 경계를 넘어오시는 하나님이 우리를 붙들어 가시는 과정과 경험이 우리에게 필요하기 때문일 것입니다. 우리로 실패케 하지 않기 위하여 하나님이 이 경계를 넘어서 은혜를 베푸신 것은, 하나님이 단순히 신으로서 그저 운명을 선포하시고 잘되라고 말씀만 하시는 것이 아니라 이런 목적을 위하여 하나님이 친히 일하고 계신다는 사실을 보여 주는 것입니다.

하나님이 어떻게 일하십니까? 우리 인생에 찾아오십니다. 친히 인간이 되시어 현실 속에 동참하십니다. 그리고 우리가 그토록 비명을 질러대는 우리의 인생을 함께 걸으십니다. 이해하려고 걸으시는 것이 아닙니다. 승리하실 수밖에 없는 신적 능력과 사랑과 권능에 우리를 묶기 위하여 그리고 당신의 약속을 이루기 위하여 우리와 연합하여 우리의 운명을 승리하게 하실 것이요, 그 모든 운명의 과정을 하나님이 함께 걸으실 것입니다. 그것이 로마서 6장 1절의 질문에 대한 답입니다.

그런즉 우리가 무슨 말을 하리요 은혜를 더하게 하려고 죄에 거하겠느냐 그럴 수 없느니라 죄에 대하여 죽은 우리가 어찌 그 가운데 더 살리요 무릇 그리스도 예수와 합하여 세례를 받은 우리는 그의 죽으심과 합하여 세례를 받은 줄을 알지 못하느냐 그러므로 우리가 그의 죽으심과 합하여 세례를 받음으로 그와 함께 장사되었나니 이는 아버지의 영광으로 말미암아 그리스도를 죽은 자 가운데서 살리심과 같이 우리로 또한 새 생명 가운데서 행하게 하려 함이라 만일 우리가 그의 죽으심과

같은 모양으로 연합한 자가 되었으면 또한 그의 부활과 같은 모양으로 연합한 자도 되리라 (롬 6:1-5)

이 연합의 교리만큼 놀라운 것은 없습니다. 하나님은 예수를 보내어 우리의 죗값을 치르게 하여 우리를 감동시키고 마는 것이 아닙니다. 우리와 당신을 묶어 죽을 수밖에 없는 우리의 현실에 찾아오사 우리와 함께 죽으시고 부활하사 당신의 부활 생명에 우리를 붙들어 매십니다. 죽을 수밖에 없는 인생을 사는 우리와 당신을 묶어 마치 죽음으로 찾아가는 것 같은 우리의 발걸음에 동행하사 그 죽음을 넘어 부활의 승리로 인도하시는 것입니다.

우리의 비명과 반항의 마지막에 하는 말은 무엇입니까? "태어나지 않았으면 더 좋았을 뻔했다" 이 말을 최초로 한 사람은 욥이지만 우리가 자주 하는 말이기도 합니다. "하나님을 몰랐으면 더 좋을 뻔했다"라고 말이죠. 가끔 우리 자녀들이 "태어나지 않았으면 더 좋았을 텐데, 부모가 없었으면 더 좋았을 텐데"라고 이야기합니다. 바로 우리가 하나님 앞에서 하는 이야기입니다. 우리도 이 이야기를 했고 우리 자식들에게서도 이 이야기를 듣습니다. 그러나 우리가 하나님 앞에 이렇게 하고 있다고는 잘 생각하지 못합니다. 호세아서가 이런 결론을 내리고 끝납니다. 다시 본문으로 돌아와 놀라운 결론을 보겠습니다. 호세아 14장 9절입니다.

누가 지혜가 있어 이런 일을 깨달으며 누가 총명이 있어 이런 일을 알겠
느냐 여호와의 도는 정직하니 의인은 그 길로 다니거니와 그러나 죄인
은 그 길에 걸려 넘어지리라 (호 14:9)

누가 이것을 알겠는가? 하나님의 은혜와 능력의 무한하심을 누가 알겠는가? 하나님의 하나님 되심이 무엇인지, 인생이 무엇이며 역사가 무엇인지 그 누가 알겠는가, 하나님의 위대하심과 의로우심과 선하심과 그 권세의 신비를 누가 알겠는가, 하면서 결론을 맺습니다. 아직은 어떤 현실입니까? 이스라엘이 멸망하는 현실입니다. 그러나 이 현실 속에서 "누가 이것을 알리요"라고 이야기하는 것은 어쨌든 멸망으로 끝이 아니라는 것을 암시합니다. 이렇게 내버려 두고 마실 하나님이 아니라고 호세아 선지자가 마지막에 단서를 붙인 것입니다. 이는 신약의 한 이야기와 대구를 이룹니다. 로마서 11장으로 가 보겠습니다.

이와 같이 이 사람들이 순종하지 아니하니 이는 너희에게 베푸시는 긍휼로 이제 그들도 긍휼을 얻게 하려 하심이라 하나님이 모든 사람을 순종하지 아니하는 가운데 가두어 두심은 모든 사람에게 긍휼을 베풀려 하심이로다 깊도다 하나님의 지혜와 지식의 풍성함이여, 그의 판단은 헤아리지 못할 것이며 그의 길은 찾지 못할 것이로다 누가 주의 마음을 알았느냐 누가 그의 모사가 되었느냐 누가 주께 먼저 드려서 갚으심을 받겠느냐 이는 만물이 주에게서 나오고 주로 말미암고 주에게로 돌아감이

라 그에게 영광이 세세에 있을지어다 아멘 (롬 11:31-36)

저는 이 구절을 더 이상 말로 설명할 방법을 찾지 못했습니다. 제가 설교하고 증언하는 내용 대부분을 공감하셨을 것입니다. 하나님의 은혜와 자비와 놀라우심과 신비로우심을 몰랐다면 결단코 예수 믿는 일이 없었을 것이기 때문입니다. 비록 우리는 이것을 언어로 설명할 다른 방법을 찾지 못하지만 우리에게는 공동의 체험과 믿음이 있습니다.

이스라엘의 역사 속에서 그랬던 것처럼 신자의 인생에서도 찬송과 감격의 시간은 짧고 고통의 시간은 더 길어 보입니다. 하나님이 안 계시는 것 같고 응답하시지 않는 것 같습니다. 차라리 하나님을 몰랐으면 더 좋았겠다 하는 생각이 들 만큼 괴로울 때가 많은 것이 현실입니다. 믿음이 무엇인가 하는 질문에 대해 어디선가 이렇게 답한 적이 있습니다. "믿음은 부인할 수 없는 힘이다"라고 말입니다. 하나님을 안다는 것을 부인할 수 없고 하나님을 믿는 것을 외면할 수가 없습니다.

우리는 만족해서 예수를 믿는 사람은 아닐 것입니다. 우리는 불만이 많습니다. 우리는 하나님이 이런 하나님이 아니기를 원하는 것 같습니다. 하지만 외면하고 거부할 수는 없습니다. 하나님이 나를 붙잡고 있다는 것을 내 영혼이 알기 때문입니다. 저항하고 비명은 질러도 도망칠 수 없고 잊을 수 없다는 것을 압니다. 성경을 통해서 배운 사실은 하나님의 고집이 없으면 우리는 큰일 난다는 사실입니다.

각자의 신앙 현실을 불평해도 좋습니다. 그러나 불평할 수 있기에 다행이라는 것도 기억하기 바랍니다. 왜 그럴까요? 우리가 원하는 인생과 결론이라면 결국 보잘 것 없는 인생에 불과할 것이기 때문입니다. 성경에서 약속하는 영생, 하나님을 아는 지식, 하나님의 거룩하심을 알며 하나님의 영광과 승리를 맛본다는 것은 감히 해 볼 만한 것입니다. 놀라운 것입니다.

우리의 과거를 돌아보면 하나님을 모르고 산 인생이야말로 가장 헛된 것이었음을 고백할 수 있을 것입니다. 거기에는 승리도 의미도 가치도 보람도 전혀 없습니다. 헛된 자랑만 있습니다. 누구에게 자랑합니까? 헛된 존재 앞에 자랑합니다. 자랑할 만한 존재 앞에 자랑하면 가치가 있을 텐데, 사실 우리의 자랑은 허공에 대고 한 것에 불과합니다.

하나님의 은혜와 하나님의 자녀로 부름 받은 것이 무엇인지 알며 하나님의 은혜의 무한함이 얼마나 다행하고 감사한지를 다시 한 번 가슴에 새기는 말씀이기를 바랍니다.

기도

하나님 아버지, 은혜를 감사합니다. 하나님은 하나님이시니 영광과 찬송을 받으시기에 합당하십니다. 늘 우리의 못난 것과 미련한 것과 패역한 것을 고백하고 회개합니다. 우리의 믿음 없음을 도와주시고 하나님의 은혜와 사랑으로 붙들어 주옵소서. 우리가 잠시 받는 고난과 어려움이 귀하고 중한, 영원한 것을 이루어 내는 줄 알게 하옵소서. 믿음을 붙들게 하옵소서. 자신과 이웃에게 허락하신 인생이 하나님의 영광으로 쓰임 받는 것을 기억하고 믿음의 열심을 더하는 우리 모두가 되게 하여 주시옵소서. 예수님 이름으로 기도합니다. 아멘.

성구색인

창세기
28:10-15 / 227
28:13-14 / 228
28:15 / 232

출애굽기
3:1-8 / 82
3:13-15 / 131
6:2-7 / 65
19:1-6 / 96, 119
19:3-6 / 66
32:1-6 / 61
32:4 / 62
32:5 / 63
32:5 하-6 / 63
32:7-8 / 63

신명기
4:32-40 / 36

사사기
4:1-3 / 108

사무엘하
15:1-6 / 116

열왕기상
12:25-33 / 112

시편
119:71-77 / 200

이사야
1:1-9 / 20
1:10-17 / 129
42:1-4 / 38
42:5-8 / 39
42:8 / 72
43:1-3 / 72
43:4-7 / 73
61:1-9 / 101

예레미야
9:23-24 / 121, 191
31:31-34 / 69

호세아
1:1-9 / 8
1:10 / 29, 34
1:10-2:1 / 25
2:2-15 / 43
2:8-9 / 46
2:16-23 / 58, 67
3:1-5 / 76
4:1-10 / 89
4:6 / 95
4:15 / 109
5:1-7 / 105
6:1-11 / 126
6:6 / 91
7:1-16 / 143
7:4 / 145
7:6 하-7 / 146
7:8-12 / 147
7:13-16 / 148
8:1-14 / 158
8:9 / 161
8:10 / 161
8:11-12 / 167
9:1-9 / 174
9:3 / 182
9:7 / 176
9:8 / 177
10:1 / 195
10:1-8 / 188
10:6-7 / 190
11:1-12 / 205
11:8 상 / 21

11:8 / 207
11:8-9 / 22
11:9 / 208
12:1-14 / 222
12:2 / 225
12:3-4 / 225
12:4 상 / 226
12:5-6 / 235
13:1-16 / 242
13:7-8 / 244
13:14 / 246
13:16 / 244
14:1-9 / 258
14:9 / 269

아모스
5:21-24 / 130

미가
6:6-8 / 133

하박국
3:17-19 중 / 185

마태복음
9:9-13 / 263
9:32-38 / 16

요한복음
11:32-44 / 14

로마서
3:19-26 / 135
3:20 / 136
3:21 / 136
3:23 / 137
3:24 / 137
3:25 / 138
3:26-31 / 139
4:17-25 / 31
6:1-2 / 265
6:1-5 / 268
8: 31 / 252
8:33-39 / 253
11:31-36 / 270
12:1-2 / 182

고린도전서
15:50-58 / 249
15:58 / 251

디모데전서
6:9-10 / 193

갈라디아서
5:22-23 / 197, 183
5:24-26 / 198

에베소서
1:3-6 / 51
1:15-19 / 49
1:19 / 54
1:20-22 / 55
4:13-16 / 150

빌립보서
2:5-11 / 48
2:12 / 48
4:10-13 / 170

골로새서
2:18-19 / 153

히브리서
12:1-13 / 214
12:3 / 217
12:12-13 / 215

요한일서
4:7-8 / 23